मीरा का काव्य

मीरा का काव्य

विश्वनाथ त्रिपाठी

वाणी प्रकाशन

वाणी प्रकाशन

4695, 21-ए, दरियागंज, नयी दिल्ली 110 002

फ़ोन : +911123273167 फ़ैक्स : +911123275710

शाखाएँ

अशोक राजपथ, पटना 800 004, बिहार

कॉफ़ी हाउस कैम्पस, महात्मा गांधी मार्ग, इलाहाबाद 211 001, उत्तर प्रदेश

महात्मा गांधी अन्तरराष्ट्रीय हिन्दी विश्वविद्यालय, वर्धा 442 001, महाराष्ट्र

सुल्तानिया रोड, मोतिया पार्क, भोपाल 462 001, मध्य प्रदेश

www.vaniprakashan.in

marketing@vaniprakashan.in

sales@vaniprakashan.in

MEERA KA KAVYA
by Vishwanath Tripathi

ISBN : 978-93-5000-154-7
Criticism

संस्करण 1989, 1998, 2006, 2015, 2019
आवृत्ति 2021

मूल्य : ₹ 295

सिटी प्रेस, दिल्ली-110 095 में मुद्रित

वाणी प्रकाशन का लोगो मक़बूल फ़िदा हुसेन की कूची से

आदरणीय डॉ० भगवतीप्रसाद सिंह को
कृतज्ञतापूर्वक

प्राक्कथन

मीरा और आंडाल भारत की सर्वाधिक प्रसिद्ध कवयित्रियां हैं। इन दोनों का संबंध भक्ति आंदोलन से है। नारी को कविता का विषय रीति प्रवृत्ति में बहुत बनाया गया, किन्तु उसमें कोई प्रसिद्ध कवयित्री नहीं हुई। आदि काल में तो किसी का उल्लेख तक नहीं मिलता। आधुनिक काल में आकर फिर नारियां साहित्यरचना में प्रवृत्त दिखलाई पड़ती हैं।

हिन्दी साहित्य के विचारक यह मान लेते हैं कि सुभद्राकुमारी चौहान और महादेवी वर्मा के भावबोध का आधार युगीन, सामाजिक एवं वैचारिक आंदोलन हैं। इनकी रचनाओं का संबंध उस विशिष्ट स्थिति से भी है जिन्हें इस देश की नारियां झेल रही हैं; जिस विशिष्ट स्थिति से ये आंदोलन टकरा रहे हैं, जिसका परिवर्तन करना चाहते हैं।

मीराबाई की कविता भी भक्ति आंदोलन, उसकी विचारधारा और तत्कालीन समाज में नारीस्थिति से उनकी टकराहट का प्रतिफलन है। यह प्रतिफलन उस मानवीयता में प्रकट हुआ जो अपने समय की धार्मिक साधनाओं के ही सहारे रूपायित हो सकती थी।

रामानुजाचार्य ने नया विश्वबोध प्रदान किया था। शंकर का ब्रह्म विशेषण-रहित था। रामानुज का ब्रह्म विशेषणयुक्त हुआ। अद्वैत विशिष्ट हुआ। यह जगत् मिथ्या नहीं ब्रह्म का शरीर है। भक्ति के आद्य आचार्य ने जगत् को मिथ्या न घोषित करके इस लोक को अपूर्व महत्त्व और गरिमा से मंडित किया। यह वैचारिक दृष्टि से युगांतकारी घोषणा थी। भक्ति आंदोलन की लोकोन्मुखता, मानवीयता, दलितोद्धार की भूमिका इसी विश्वबोध पर निर्मित हुई।

भारत में मानवीयता और दलितोद्धार का संबंध वर्णव्यवस्था और नारी पराधीनता से रहा है। इन दोनों का संबंध अन्योन्याश्रित है। इसीलिए भारत में जब-जब कोई मानवीय विचारधारा लोकप्रिय और व्यापक आंदोलन को जन्म देती है, तब-तब उससे प्रेरित साहित्य वर्णव्यवस्था और नारी पराधीनता पर प्रहार करता है। ये आंदोलन अवर्ण जातियों और नारियों को सांस्कृतिक क्षेत्र में सक्रिय भी करते हैं। अवर्ण जातियों के कवियों के साथ कवयित्रियां भी इसीलिए विशेष रूप से भक्तिकाल और आधुनिककाल में ही दिखलाई पड़ती हैं। भारत की आधुनिकता वस्तुतः मध्यकालीनता का विरोध करने वाली मध्यकालीन प्रवृत्तियों का विकास है।

निस्संदेह मीरा का विद्रोह एवं संघर्ष भक्ति, प्रेम, रहस्य की अनुभूति के साथ अभिव्यक्त हुआ है। इन सबका एकीकृत, अखंड रूप हमारे सामने उनकी कविता में प्रकट हुआ है। इसीलिए उनकी कविता को समझने का मतलब है कविता के इन पक्षों

को समझना। साधना, भक्ति, प्रेम, विरह या रहस्य की भावनाएं काव्याभिव्यक्ति में अमूर्त रहकर ही नहीं प्रकट होतीं। वे मूर्त होती हैं, अनुभव जगत् में उदित होकर। इसलिए कविता का जागतिक संदर्भ होता है। इस संदर्भ को ऐतिहासिक दृष्टि उजागर करती है। मीरा का असीम, रहस्यमय प्रिय संकेतित है, जागतिक संदर्भों के चित्रण के माध्यम से। जो कहा गया है उसे ठीक से समझ लें तो उस काव्यार्थ या रहस्यमय प्रिय की झलक मिल जाएगी। उसे कहा नहीं जा सकता लेकिन जो कहा गया है उसी के सहारे वह झलकेगा। कवि की यही पीड़ा है :

केवह कहि समझाइया आतम साधन सार रे **(कबीर)**

अनेक विद्वान् हैं जो भक्तकवियों द्वारा चित्रित जागतिक संदर्भों के विवेचन को बहुत अच्छा नहीं समझते। वे यह नहीं मानते कि जो अपर्याप्त है, सीमित है, वह असीम का रूप मात्र है। लेकिन पर्याप्त और असीम का अनुभव इसी से संभव है, इसकी उपेक्षा से नहीं, कम से कम भक्तों का मार्ग यही था। मीरा भक्त थीं और नारी थीं। वे नारी और पुरुष की स्थिति से ऊपर उठकर भक्ति करना चाहती थीं। लेकिन खल, दुर्जन ऐसा नहीं होने देते थे। उनकी साधना में और उनकी अभिव्यक्ति में इस स्थिति का दवाब मौजूद है, इस दबाव ने उनके रहस्यमय प्रिय के रूप. पर भी प्रभाव डाला है। अखंड वह रूप नहीं है। अखंड है उस खंडरूप पर आधारित अनुभूति जो उनकी धार्मिक साधना और काव्य साधना की सार्थकता है।

इस पुस्तिका के लेखन में अनेक विद्वानों, बंधुओं, प्रियजनों ने विविध प्रकार से सहायता की है। आदरणीय श्री नर्मदेश्वर चतुर्वेदी ने बहुत सहयोग और प्रोत्साहन दिया। श्री सुरेश ऋतुपर्ण ने अनेक दुर्लभ पुस्तकें सुलभ कराईं। इसी प्रकार संस्कृत विभाग के अध्यापकों प्रो. राममूर्ति शर्मा और डॉ. वाचस्पति उपाध्याय ने अनेक महत्त्वपूर्ण पुस्तकें पढने को दीं और कई स्थलों का अर्थ समझाया। हिंदी विभाग की शोध छात्राओं—सुश्री शशिबाला शर्मा और सुश्री रागिनी श्रीवास्तव ने कई बहुमूल्य सुझाव दिए। मैं इन सभी के प्रति हार्दिक आभार प्रकट करता हूं।

पुस्तिका में पदों की क्रम-संख्या पं. परशुराम चतुर्वेदी के ग्रंथ 'मीरांबाई की पदावली' के अनुसार है।

विश्वनाथ त्रिपाठी

भूमिका

मीरा को समझना बहुत ही मुश्किल है। एक ओर वह संत रैदास की शिष्या हैं और उनके आध्यात्मिक अनुभव में निराकार रूप व्याप्त है, दूसरी ओर वह सगुण कृष्ण-भक्ति की साकार प्रतिमा हैं। तमिल साधिका आंडाल से मीरा की तुलना की गई है, परंतु आंडाल सगुण रूप में ही उलझी रहती है, जबकि मीरा के गिरधर नागर सूली ऊपर सुन्न गगन में मीरा के लिए सेज बिछाते हैं। मीरा के काव्य में विछोह की तड़पन ही ज्यादा है, मिलन के सुख का वर्णन अपेक्षाकृत बहुत कम है, आंडाल के दिव्यविवाह को पारिवारिक स्वीकृति प्राप्त है। पर मीरा का दिव्यप्रेम परिवार से निरंतर तिरस्कार पाता है। शायद इसीलिए आंडाल के बिछोह में उतनी तीव्रता नहीं है, जितनी तीव्रता मीरा के बिछोह में है। मीरा गुजरात के नरसी मेहता और ब्रज के सूरदास की काव्य-परंपराओं की अंतर्वर्ती भी हैं, समवर्ती भी हैं, क्योंकि एक ओर उनके काव्य में बाह्य आचार और बाह्य सामाजिक स्तर भेदों के विरुद्ध विद्रोह है, जो गुजरात के वैष्णव भक्ति आंदोलन की अपनी विशेषता है, दूसरी ओर उनका काव्य अलौकिक सौंदर्य से आलोकित है, एक विश्वमोहन सौंदर्य से वह आविद्ध है और यहीं वह सूरदास के सन्निकट है। प्रायः सगुण भक्ति कविता के साथ रहस्यानुभूति का संबंध लोग नहीं जोड़ते हैं, परंतु मीरा के काव्य में रहस्यानुभूति का रंग गहरा है, कहीं-कहीं तो गिरिधर या सांवलिया के स्थान पर 'राम' ला देने से ही लगेगा कि यह कबीर का अनुभव है। मीरा के काव्य में मोरमुकुट पीतांबर आदि के चित्रमय वर्णन उतना महत्त्व नहीं रखते, जितना कि मोरमुकुटवाले की लगन महत्त्व रखती है। इन सतही विसंगतियों के कारण मीरा के काव्य की थाह पाना कुछ मुश्किल लगता है।

आचार्य रानाडे ने 'पाथवेज टु रियालाइजेशन आफ गाड' नामक पुस्तक में मीरा की रहस्यानुभूति पर अच्छा प्रकाश डाला है और उन्होंने माना है कि सांवले रूप के साथ यह तादात्म्य आत्मा की 'काली रात' (डार्क नाइट आफ दि सोल) के साथ तादात्म्य है, रहस्यानुभूति के निविड़तम क्षण में कहीं कोई रूप नहीं रह जाता, कहीं कोई रंध्र नहीं रह जाता, सब एक सघन आकांक्षा के साथ एकाकार हो जाता है, ऐसा होना ही 'मरजीवा' की स्थिति प्राप्त करना है, मीरा जब यह बयान करती हैं कि :

या हिरदां बस्यां सांवरो म्हारे णींद न आवां
चौमास्यां रीं बावड़ी ज्याकूं नीरणा पावां
हरि निर्झर अमरित झरया म्हारी प्यास बुझावां
रूप सुरंगा सांवरी मुख निरखण जावां
मीरा व्याकुल विरहिणी अपनी कर ल्यावां।

तो वह जिस अनुभव की स्थिति में है, वह एक ओर निरंतर प्यास की बेचैनी है, हृदय में श्याम रस सिंधु लहरा रहा है, पर उससे तृप्ति नहीं है, उससे सम्मिलन नहीं है। प्यास बुझानेवाला अमृतक्षण जब आता है तो हर समुद्र समुद्र न रहकर अमृतरस बिंदु बन जाते हैं और तब मीरा अपनी कर पाती हैं, उन्हें अपने में आत्मसात् कर पाती हैं, यह रहस्यानुभूति विराट के सूक्ष्म में प्रविष्ट होने की रसानुभूति है, इसीलिए लौकिक सामाजिक संदर्भ में भी यह सार्थक है। मीरा ऊपर से देखने में समाज से बाहर दिखती हैं, पर वे समाज को एक करनेवाली रसधारा में डूबी हुई हैं कि उनके भीतर समाज की वास्तविक प्राणसत्ता समा जाती है।

एक विश्लेषण विद्रोहपरक भी किया जा सकता है कि मीरा सामंतवादी रूढ़ियों को तोड़ने के लिए गिरिधर भक्ति का संकल्प लेकर रनिवास के बाहर निकल आई हैं, एक प्रकार से एक विशाल जनांदोलन में बहुत बड़ा जोखिम उठाकर कूद पड़ी हैं। यह जोखिम है सामाजिक प्रतिष्ठा खोने का। स्त्रीत्व की मान्य धारणा के अनुसार सीमित दायरेवाली नैतिकता से हटने का परिणाम भोगने का। पर यह विश्लेषण अधूरा है, जब तक संकल्प के प्रयोजन को रेखांकित न किया जाए। मीरा का विद्रोह कबीर के विद्रोह की तरह ही साधन है, साध्य नहीं। इन दोनों का साध्य ऐसे भाव की प्राप्ति जो समस्त दुविधाओं, द्वैतों और भेदों से ऊपर उठा दे, सर्वात्मभाव में प्रतिष्ठित कर दे। दोनों का साध्य प्राप्ति की गहरी बेचैनी है, इसीलिए जितने भी अवरोधक कारण हो सकते हैं, उन्हें तोड़कर उनके आगे निकल जाने का उत्साह भी इतना अधिक है। मीरा और कबीर में केवल एक अंतर है। कबीर की दीक्षा क्रियायोग (हठयोग) में हुई है, इसलिए उनकी काव्यभाषा के ऊपर शरीर के आभ्यंतर अनुशासन का बड़ा दबाव है, उनका बाह्य संसार भीतर के हीरे की ज्योति से आलोकित है, भीतर के कमल से आमोदित है जबकि मीरा की दीक्षा प्रेमयोग में सीधे हुई है। (कबीर क्रियायोग के द्वार से प्रेमयोग में प्रविष्ट हुए), इसलिए उनका बाह्य संसार और उनका आभ्यंतर संसार दोनों एक-दूसरे को हुलसाते रहते हैं, पता ही नहीं चलता कि कब सांवलिया भीतर के दर्द की श्यामलता बन जाते हैं, कब भीतर के दर्द की श्यामलता या आत्मा की काली रात ही सांवली सूरत बन कर थिरकने लगती है।

मीरा को गुजरात के वैष्णव कवियों की तरह एकांत रूप से न निर्गुणभक्ति की कवयित्री कहा जा सकता है, न सगुणभक्ति धारा की। वे दोनों हैं, पर चूंकि उनका झुकाव एक मूर्त लीलावितान में अपने को स्थापित करने की ओर अधिक है, इसीलिए उन्हें सगुण भक्ति धारा में ही सम्मिलित किया जाता है, वस्तुतः हिन्दी भक्ति काव्यधारा के इतिहास में मीरा और कुछ हद तक (अपने थोड़े से पदों में) सूर सेतु का काम करते हैं। ये दोनों साकार-निराकार के मिलन की क्षितिज रेखा बनाते हैं।

मीरा के 'जोगी' पदों में किसी आकार के लिए नहीं बल्कि किसी ऐसी उपस्थिति के लिए (जो साथ रहकर चली गई है, आश्वासन देकर कि फिर साथ हो लूंगी) बेचैनी है

और तब ऐसी प्रतीति होती है कि वह उपस्थिति इस लोक के अनुभव के परे है:

कै तो जोगी जग में नाहीं कैर बिसारी मोई ।
कांइ करूं कित जाऊंरी सजनी नैण गुमायो रोई ॥

अथवा उसने भुला दिया है, मैं जाऊं तो कहां जाऊं, रोते-रोते मैंने नैना गंवा दिए हैं, नैन तो खोजने के लिए अनेक दिशाओं में ले जाते हैं, बाह्य दृष्टि लाचार हो गई है, गोचर रूपों में उसका साक्षात्कार नहीं होता। इसलिए चित्त की विक्षुब्धा और बढ़ती जाती है, अनुभव की यह परिणति ही 'तुम बिन तलफत प्राण' के द्वारा विराट तन्मयता की स्थिति ला देती है, कभी-कभी लोग मीरा के इन पदों में किसी लौकिक संदर्भ की छाया देखते हैं या नाथपंथ की छाप देखते हैं। हो सकता है लौकिक पति और अलौकिक पति श्रीकृष्ण इस अनुभव में एक हो गए हों, पर मीरा के पदों की शब्दयोजना में भौतिक संसार और उसका सौंदर्य तो छलकता मिलता है, कहीं भी इस संसार और इसके सौंदर्य के प्रति विषयासक्ति की अभिव्यक्ति नहीं होती। कोई भी पद इसका प्रमाण नहीं देता कि लौकिक विषयसुख का कोई आकर्षण या उसकी कोई स्मृति चाहे उन्नीत रूप में ही क्यों न हो, मीरा को बेधती हो। इसके ठीक विपरीत मीरा का प्रेम शुद्ध आत्मदान है, रूपासक्ति से सीधे प्रेमासक्ति में प्रवेश होता है, कामासक्ति की गंध भी मीरा में नहीं मिलती।

कब री ठाढ़ी पंथ बिहारां, अपने भवन खड़ी,
अटक्यां प्राण सांवरो प्यारो, जीवनमूर जड़ी।
मीरा गिरिधर हाथ बिकाणी लोक कह्यां बिगड़ी...

देखते-देखते तो मीरा बिक जाती है, और लोक बाह्य होकर विराट लोक की अधीश्वरी बन जाती है। इसलिए मीरा की पदावली में मान नहीं है, मन में प्रिय को केवल रिझाने की चाह है :

मैं गिरिधर के घर जाऊं ।
गिरिधर म्हारों सांचो प्रीतम देखत रूप लुभाऊं।
रैण पड़े तब ही उठि जाऊं, भोर भये उठि आऊं।
रैण दिना वाके संग खेलूं, ज्यूं त्यूं वाहि लुभाऊं।
जो पहिरावै सोई पहिरूं, जो दै सोई खाऊं,
जहां बैठावें तितहीं बैठूं बेचें तो बिक जाऊं।
मेरी उणकी प्रीत पुरानी, उण विण पल न रहाऊं।
मीरा के प्रभु गिरिधर नागर बार-बार बलि जाऊं ॥

इस आत्मदान में पतिव्रत का आदर्श प्रतिबिंबित माना जा सकता है, पर क्या लौकिक प्रेम की पवित्रता स्वयं ही इस परमानुभूति की प्रतिबिंबित छाया नहीं है, क्या मीरा की पदावली का स्पष्ट अभिप्राय यही नहीं है कि वास्तविक अनन्यता बस एक से होती है, दूसरी अनन्यताएँ उससे छोटी हैं। अनेक पदों में जहर के प्याले की चर्चा है। इसकी पुनरावृत्ति एक ही बात की ओर इशारा करती है, दुनिया का जहर मीरा को बड़ा मीठा लगा है।

लौकिक ऐश्वर्य का तिरस्कार मीरा की माधुर्यानुभुति में बहुत उपकारक है। सांप का शालिग्राम में परिवर्तित होना, मृत्युशय्या का फूल सेज में परिवर्तित होना जैसे अभिप्राय विधान इसी रूपांतर पर बल देते हैं, कब और कैसे यह छोटा रागद्वेष का कड़वा संसार बहुत ही मधुर हो जाता है, यही बतलाना मीरा के काव्य का मुख्य प्रतिपाद्य है।

इसी प्रकार जोगी या रावल में नाथपंथ की छाया देखनेवाली बात भी बहुत कुछ सतह पर ही समीचीन लगती है। पदावली के सूक्ष्म विश्लेषण में कहीं भी योग की शब्दावली पर आधृत सादृश्य विधान नहीं मिलता। इसलिए जोगी का सीधा अर्थ उसका व्युत्पत्ति जन्य अर्थ अधिक सटीक लगता है, जोगी अर्थात् जो प्रेमजोग में जुड़ गया और इसे साधने का मंत्र लेकर चला गया या दूसरे शब्दों में कहें समस्त अनुभव पर (प्रत्यक्ष या अपरोक्ष स्मृतिरूप) छा गया। जोगी की प्रतीक्षा, जोगी का ध्यान, जोगी के लिए आकुलता सब यही द्योतित करते हैं कि यदि कोई अस्तित्व है तो वह जोगी है, यदि कोई जीवन की सार्थकता है तो जोगी है। जोगी निस्संग विश्वात्मा ही है। इसीलिए :

जोगिया से प्रीत कियां दुख होई।
प्रीत कियो सुख ना मोरी सजनी जोगी मीत न कोई।
रात दिवस कल नाहिं परत है, तुम मिलियो बिनि मोई।
ऐसी सूरत या जग मांही फेरि न देखीं सोई।
मीरा के प्रभु कबरे मिलोगे मिलिया आणंद होई।

ऐसे जोगी से प्रीति जोड़ना, दुःख के लिए ही है, क्योंकि वह किसी का मित्र नहीं है, वह समस्त मित्रताओं का, समस्त छोटे संबंधों का दुश्मन है। उस जैसा कहीं रूप नहीं देखा। आदि से अंत तक मीरा के 'सूधे' प्रेम की ही अभिव्यक्ति मिलती है, आराध्य जरूर बांके हैं, त्रिभंगी हैं। ऐसा लगता है जैसे कड़ी आँच में कठोर और टेढ़ा चित्र सीधा हो गया है। मीरा के काव्य की भाषा इसीलिए बड़ी तरल है, उसमें निष्प्रयास गेयता है।

मीरा की रहस्यानुभूति को दूर रखकर भी काव्यसौंदर्य का मूल्यांकन किया जा सकता है, पर तब उस काव्य में मोरमुकुट पीतांबर जैसे विशेषणों की पुनरावृत्ति की साभिप्रायता कुछ धूमिल हो जाएगी। इन विशेषणों के पर्यायों के चक्कर में न पड़कर इन्हें ही यदि मीरा ने दुहराया है तो सिर्फ इसलिए जो तिल-तिल नया अनुभव उन्हें हो रहा है उसमें एकधारावाहिता जिन विशिष्ट रूप गुणों के कारण है, उसे बनाए रखने के लिए उनके वाचक विशेषणों को बनाये रखना काव्य के लिए साभिप्राय होता है। मीरा का प्रत्येक अनुभव अलग होते हुए भी एकोन्मुख है, और उसे एक की प्रतीति इन बाह्य रूपसंभारों से होती है, यद्यपि वह स्वयं श्यामल है, समस्त रंगतों को आत्मसात् करनेवाला।

मीरा की यह अनन्यता ही मीरा की नैतिक मूल्यता की कसौटी है। इस ऊंची नैतिकता से प्रेरित होकर ही सीधी-सच्ची भावना पर मीरा बल देती हैं। इस नैतिकता की भूमि पर रहनेवाला व्यक्ति सबसे पहले झूठ, आडंबर, ढोंग, अभिमान और द्वेष का

परित्याग करता है। इसीलिए मीरा के लिए :

धरां सांवरो ध्यान चित्त उजलो करां।
सील घूंघरा बांध तोस निरतां करां॥

सांवले का ध्यान चित्त को उजला करता है और शील का घुंघरू बांधकर तोष का नृत्य करने के लिए विवश करता है। वे बाह्य आडंबर से अधिक आभ्यंतर संकल्प में विश्वास करती हैं, कराती हैं। परन्तु जिस तरह कबीर, तीर्थ और काषाय वस्त्र की खिल्ली उड़ाते हैं, वैसा मीरा नहीं करतीं। वह वृन्दावन की रज में अपने मोहन के लीलारस का स्पर्श पाती हैं, इसलिए वृन्दावन छोड़कर जाना नहीं चाहतीं :

या ब्रज में कछु देख्यो री टोना।

मीरा की लोक मर्यादा बस इतनी दूर तक है। जहां तक लोग श्याममय होने के कारण अपने व्यवहार में सीधे-सच्चे हैं, प्रेमभाववाले हैं, वहां तक वे सभी ग्राह्य ही नहीं पूज्य भी हैं। मीरा के लिए अहीरणी, भीलणी (शबरी) और सुदामा इसीलिए इतने समीप हैं कि उनमें सिधाई और सच्चाई है, विराट सत्ता के आगे अपनी अकिंचनता का बोध है।

मीरा का भक्तिकाव्य इन दृष्टियों से यद्यपि अलग-अलग विशेषताओं में भले ही अपूर्व न लगे, पर उनके अपूर्व संयोग के रूप में हिंदी सहित्य में अद्वितीय स्थान रखता है और इसका नया मूल्यांकन भक्तिकाव्य को नए मानवीय चौखटे में स्थापित करके इसको अधिक रसास्वाद्य बनाएगा, इसका मुझे पूर्ण विश्वास है।

विद्यानिवास मिश्र

अनुक्रम

वर्णव्यवस्था, नारी और भक्ति आंदोलन

भक्ति आंदोलन की शुरुआत दक्षिण में हुई। इसके शास्त्रकार भी सबसे पहले वहीं हुए। प्राचीनतम वैष्णवजन आलवार थे। प्रसिद्ध आलवारों में सात ब्राह्मण, एक क्षत्रिय, दो शूद्र और एक निम्नतर जाति 'पनर' के थे।[1] इन्हीं में एक आलवार महिला आंदाल थीं। शूद्र और महिला का इन प्राचीन वैष्णवों में होना महत्त्वपूर्ण है। यह इस तथ्य को प्रकट करता है कि भक्ति आंदोलन का प्रारंभ ही वर्णव्यवस्था और नारी-पुरुष के भेदभाव को तोड़नेवाला था। प्रसिद्ध आलवार नाम्म या शठकोप शूद्र थे। उनके शिष्य उन्हें विष्णु का अवतार मानते थे।[2]

हमें ठीक-ठीक पता नहीं कि वर्णव्यवस्था से जर्जर इस देश में इस आंदोलन की उत्पत्ति की जिम्मेदार कौन-सी भौतिक परिस्थितियां थीं। इस देश में इतने अधिक छोटे-बड़े तथा विविध परिवर्तन होते रहे हैं कि कभी-कभी शूद्रों की स्थिति भी कहीं-कहीं बेहतर हुई है।

इसलिए असंभव नहीं कि इन शूद्रजन्मा आलवारों की स्थिति उस समय अपेक्षाकृत बेहतर रही हो। लेकिन इस विषय में निश्चयपूर्वक कुछ कहना मुश्किल है। अभी तो भारतीय समाज का अध्यन करनेवाला व्यक्ति चकित होकर यह सोच ही सकता है कि जिस समय शंकराचार्य अद्वैत का प्रचार कर रहे थे, लगभग उन्हीं दिनों शूद्रजन्मा आलवार आचार्य शठकोप भक्ति का प्रचार कर रहे थे, स्मरणीय है कि आलवार संतों की रचनाओं के संग्रह 'नाल आईर दिव्य प्रबन्धम्' को वेदों के ही समकक्ष माना जाता है। मंदिरों में इनका पाठ वेदमंत्रों के साथ होता है।

सुरेन्द्रनाथ दासगुप्त का विचार है कि रामानुज के दार्शनिक चिंतन पर आलवारों का प्रभाव है।[3]

भक्ति आंदोलन धार्मिक आंदोलन था। ऐसा आंदोलन जो भावना पर बल देता था। इस आंदोलन की विशेषता यह थी कि यह भावना के धरातल पर सबको समान मानता था। सबको समान शंकराचार्य भी मानते थे। किन्तु वह जगत् को मिथ्या मानकर भी वर्णाश्रम व्यवस्था के समर्थक थे। शंकराचार्य के इस स्वतोव्याघात पर टिप्पणी करते हुए राधाकृष्णन ने लिखा है : 'जो सत्य के प्रति एक वृहत्तर अवधारणा की ओर बढ़ रहा होता है, अपने युग की सामान्य मान्यताओं से पूर्णतः छुटकारा नहीं पा लेता। यद्यपि जात-पांत की व्यवस्था का शंकराचार्य की नजरों में विशेष महत्त्व नहीं होना चाहिए था, तो

भी वह उसमें विश्वास के लिए पूरी गुंजाइश छोड़ देते हैं।'[4]

वर्णाश्रम व्यवस्था के प्रति शंकराचार्य से भिन्न रुख अपनाया रामानुज ने। रामानुजाचार्य भी ब्रह्म को ही परम सत्य मानते थे किंतु वे जगत् को मिथ्या नहीं, ब्रह्म का ही अंग मानते थे। उनका ब्रह्म निर्गुण या गुणरहित भी नहीं। कहने का तात्पर्य यह कि रामानुजाचार्य का विश्वबोध शंकर से भिन्न था। उसमें इस लोक को अपेक्षाकृत अधिक महत्त्व मिला था।

रामानुजाचार्य के एक गुरु कांचीपूर्ण शूद्र थे।[5] रामानुजाचार्य का जीवन उथल-पुथल से भरा हुआ था।

उनका पंथ उदार था। यद्यपि वह दीक्षा और पूजा की विधियों का पालन करते थे लेकिन उन्होंने अपने पंथ में जैनियों, बौद्धों, शूद्रों, यहां तक कि अछूतों को भी स्थान दिया। वह स्वयं एक शूद्र के शिष्य थे और स्नान के उपरांत अपने एक अछूत मित्र की कुटिया में बहुत देर तक समय बिताते थे।[6]

रामानुज का स्वभाव विद्रोही मालूम पड़ता है। उन्होंने अपने गुरु का भी विरोध किया। यह विरोध ज्ञान और आचरण दोनों क्षेत्रों में था। उनका अपने गुरु यादवप्रकाश से 'छान्दोग्य उपनिषद्' में प्राप्त 'कप्यासम पुण्डरीकम्' के अर्थ को लेकर मतभेद था।

अपने एक अन्य गुरु गोष्ठीपूर्ण से जो उनका मतभेद हुआ वह आचरण संबंधी था। गोष्ठीपूर्णाचार्य ने इन्हें एक गुप्त मंत्र दिया। लेकिन उसे गुप्त ही रखने का आदेश भी किया। इन्हें वह मंत्र सुखद लगा तो सोचा संसार में दुखित जीवों को इससे परिचित कराना चाहिए। रात के समय गोपुर पर चढ़ गए और वहीं से चिल्ला के मंत्रोच्चारण करने लगे। गुरु ने आज्ञा भंग करने के लिए डांटा, तो बोले : 'इस मंत्र का प्रभाव देख मन में ऐसा आ गया कि श्रीगुरुआज्ञा भंग करने से मैं नरक में अवश्य जाऊंगा, परंतु ये दुखिया जीव तो सुखी होंगे।' 'भक्तमाल' में इस घटना का यों वर्णन किया गया है :

सहस्त्र आस्य उपदेस करि, जगत उद्धरन जतन कियो,
गोपुर ह्वै आरूढ़ ऊंच स्वर मंत्र उचार्‌यो,
सूते नर परे जागि बहत्तरि श्रवणनि धार्‌यो,
तितनेई गुरुदेव पधति भई न्यारी न्यारी। **(छप्पय, 26)**

राधाकृष्णन ने शंकर और रामानुज की तुलना करते हुए लिखा है : 'शंकराचार्य का अद्वैत यद्यपि बौद्धिक प्रतिभा को प्रकट करनेवाला एक रत्न है, तो भी वह पवित्र धार्मिक भावनाओं को जाग्रत नहीं करता। उनका 'परम्' आत्मा में प्रेम और आराधना की भावना नहीं जगाता।'[7]

रामानुजाचार्य सामंतवादी व्यवस्था को चुनौती नहीं देते थे। वह उसके अर्थतंत्र एवं राजतंत्र की अमानवीयता से उस प्रकार नहीं जूझे जैसा कि आज के संगठित

दल। तो भी जातिप्रथा के प्रति उनका दृष्टिकोण उतना अनमनीय और रूढ़ नहीं था, जितना शंकराचार्य का। उन्होंने घोषणा की कि भक्ति सभी जाति भेदों से ऊपर है और वे ईश्वर की आराधना में सबके लिए समानता के समर्थक हैं। उनके अनुसार विष्णु के सभी भक्त समान हैं, क्योंकि सभी लोग—ऊंची जातिवाले और नीची जातिवाले ब्रह्म की ही अभिव्यक्ति हैं। उन्हें अछूत जाति के एक भक्त तिरुप्पन आलवार द्वारा रचित 'तिरुवैमोली' को वैष्णवों का वेद स्वीकार करने में कोई आपत्ति नहीं हुई।[8]

रामानुज ने अनेक गुरुओं से शिक्षा ग्रहण की। इनके विषय में प्रसिद्ध है कि इन्होंने दिल्लीपति यवन के यहां से एक भगवन्मूर्ति लाकर उसे मंदिर में स्थापित किया। उस बादशाह की लड़की भी भक्त हो गई। इसके अलावा एक स्त्री भक्त विषयी को अपना शिष्य बनाया। यादवप्रकाश ने इनकी हत्या का कुचक्र रचा तो व्याधा भील (किंवदंती के अनुसार भिल्लवेषी भगवान) ने इसकी रक्षा की।

इन बातों से स्पष्ट पता चलता है कि भक्ति आंदोलन के आद्य आचार्य रामानुज का जीवन विषम था। उनके जीवन पर तथाकथित निम्नवर्ण के लोगों का गहरा प्रभाव था। निस्संदेह भक्ति के आद्य आचार्य ने शूद्र को अपना गुरु बनाया था। रामानुज ने यवन बादशाह के यहां से मूर्ति लाकर उसे मंदिर में विराजमान किया, उसकी लड़की को भी भक्ति में दीक्षित किया।[9] यह किंवदंती भी उनकी धार्मिक उदारता, रूढ़िहीनता और लोकोन्मुखता प्रकट करती है।

इस प्रकार भक्ति आंदोलन के मूल में ही जाति-पांति की उपेक्षा की प्रवृत्ति रही है। आंडाल का इतना प्रसिद्ध होना इस बात को प्रकट करता है कि इस आंदोलन में नारी का भी योगदान रहा है। यह अकारण नहीं।

वर्णव्यवस्था और नारी पराधीनता—इन दोनों का परस्पर गहरा संबंध है। भक्ति आंदोलन के रूढ़िविरोधी या विद्रोही रूप को समझने के लिए इस बात का स्मरण कर लेना जरूरी है कि हमारे देश में शूद्रों और नारी की क्या स्थिति रही है। हमारे देश की ही नहीं यह हर उस समाज की कहानी रही है जहां सामंती व्यवस्था थी। डॉ. रामविलास शर्मा ने लिखा है :

> सामंती व्यवस्था में खाने-पहनने की चीजें मशीनों से नहीं, हाथ से बड़े पैमाने पर नहीं, छोटे पैमाने पर, कारखानों में नहीं, खेत, घर या दूकान पर तैयार की जाती हैं। हल-माची की खेती से लेकर चरखे-करघे की कताई-बुनाई तक हर उद्योग में पूरा कुटुम्ब शामिल होता है। जो पेशा बाप का, वही बेटे का। इस तरह पेशे के हिसाब से जातियां बनती हैं; पेशे का आधार होता है कुटुम्ब; इसलिए जो जाति बाप की होती है, वही उसके बेटे की होती है। समाज में जो हाथ से खाने-पहनने की चीजें पैदा नहीं करता, वह ऊंचा समझा जाता है, जो हल चलाता है, कपड़े

> बुनता है, जूते गांठता है, वह नीच समझा जाता है। जिस देश में सामंती व्यवस्था ज्यादा दिन तक रही उसमें जाति प्रथा भी ज्यादा दिन टिकाऊ हुई, उसकी संकीर्णता भी अन्य देशों को देखते बहुत ही घृणित रूपों में प्रकट हुई जैसे भारत में।[10]

इस जातिप्रथा का संबंध नारी की स्थिति से यों है :

> समाज में द्विज और शूद्र का भेद उत्पन्न हुआ, तब उसके साथ त्री-पुरुष में छोटे-बड़े का भेद भी पैदा हुआ। पुराने कबीले टूटने पर नए श्रम-विभाजन के आधार पर जैसे वर्णव्यवस्था उत्पन्न होती है, वैसे ही श्रम-विभाजन के आधार पर स्त्री-पुरुष में छोटे-बड़े का भेद उत्पन्न होता है। स्त्री घर का काम करती है, पुरुष बाहर का काम करता है। सम्पत्ति का स्वामी पुरुष होता है, वह युद्ध करता है, शास्त्र रचता है, व्यापार करता है, स्वभावतः उसके काम के आगे स्त्री का घरेलू काम छोटा लगता है। शूद्रों में जहां स्त्री पुरुष के साथ काम करती है, वह द्विजवर्ण की दावियों की तुलना में अधिक समर्थ होती है। जैसे वर्णव्यवस्था विश्वव्यापी है, वैसे ही नारी की पराधीनता। सामन्ती व्यवस्था जहां ज्यादा पुरानी और मजबूत होगी वहां जाति-पांति के भेद-भाव की तरह स्त्री और पुरुष में छोटे-बड़े का भेद भी ज्यादा होगा।[11]

कौटिल्य के 'अर्थशास्त्र' का अध्ययन करने पर डॉ. रामशरण शर्मा इस निष्कर्ष पर पहुंचे हैं कि 'निम्न वर्णों में मातृप्रधानता के कई तत्त्वों के बने रहने के कारण उनके बीच स्त्रियों का कुछ स्थान था' तथा 'ये सभी निषेधाज्ञाएं बताती हैं कि शूद्रों में विवाह का बंधन उतना प्रबल नहीं था जितना उच्च वर्णों में, जिनकी महिलाएं पुरुषों पर अधिक निर्भर रहती थीं।'[12] निम्न वर्ण के लोगों को अपना पेट पालने के लिए सपरिवार काम करना पड़ता है। उनका पूरा परिवार स्वामी पर अवलंबित होता है, अतः वे सपरिवार स्वामी की सेवा करते हैं। उनकी औरतें घर में रहना गवारा ही नहीं कर सकतीं। इसलिए उन्हें बाहर निकलने की आजादी विवशतः मिल जाती है।

कौटिल्य ने बताया है कि अभिनेता, खिलाड़ी, गायक, मछुआ, शिकारी, पशु-पालक, आसवक और ऐसे ही अन्य लोग साधारणतया अपनी औरतों के साथ घूमते थे। उच्च वर्णों की महिलाओं के साथ ऐसी बात नहीं थी। उनका कार्यकलाप केवल घर तक सीमित रहता था। शूद्रवर्ण की महिलाएं इसलिए घर से बाहर जाती थीं कि उन्हें अपने परिवार के गुजारे के लिए खेतों और चरागाहों में काम करना पड़ता था।[13]

भक्ति आंदोलन नारी को भी घर से उसी तरह बाहर आने का निमंत्रण देता था जिस प्रकार पुरुष को। भक्ति की दृष्टि में नारी और पुरुष में अंतर नहीं। दोनों अंशी के अंश हैं। लेकिन सामंती व्यवस्था नारी को—विशेषतः उच्च वर्ग की नारी को—घर से बाहर निकलने की आज्ञा नहीं दे सकती थी। मीरा के भक्तजीवन का यही मूल भौतिक

संघर्ष था। वह यदि निम्नवर्ण में जन्मी होतीं तो उनके बाहर निकलने पर रूढ़िग्रस्त समाज इतना कुपित और क्षुब्ध न होता। वह आंदोलन कैसा था, जो राणाकुल की स्त्री को बाहर निकलने की प्रेरणा देता था? वे कौन-सी सामाजिक परिस्थितियां हो सकती हैं जिनके कारण दक्षिण भारत में वर्णव्यवस्था की उपेक्षा करनेवाले और शूद्रों, अंत्यजों, नारियों को सम्मान देनेवाले इस भक्ति आंदोलन का प्रादुर्भाव हुआ? दक्षिण के विषय में हमारी जानकारी अपेक्षाकृत कम है। अतः इस समस्या के संदर्भ में हम प्रथमतः उत्तरी भारत या हिंदीभाषी क्षेत्र में भक्ति आंदोलन के प्रचार की परिस्थितियों पर विचार करेंगे।

चिंतकों, विशेषतः समाजशास्त्रियों का ध्यान भक्ति आंदोलन की आधारभूत परिस्थितियों का अनुसंधान करने की ओर आकृष्ट हो चुका है। हिंदीभाषी क्षेत्र में भक्ति आंदोलन रामानंद द्वारा प्रवर्तित हुआ। रामानंद का समय 14वीं, 15वीं शताब्दी विक्रमी है। इस समय तक दिल्ली पर मुसलमान शासकों का अधिकार हो चुका था और इस्लाम का भारत पर व्यापक प्रभाव पड़ रहा था। इस्लाम अपने साथ सैनिक हथियार और मतवाद ही नहीं लाया, उसके साथ कुछ और भी चीजें आईं।

डॉ. इरफान हबीब ने उत्तरी भारत में भक्ति आंदोलन की निर्गुणधारा के—जिसे वह एकेश्वरवादी धारा कहते हैं— विकास के ऐतिहासिक कारणों पर विचार किया है। उनके मत का सारांश यह है कि इस मत के उत्थान में शिल्पियों और जाटों की प्रमुख भूमिका रही है। उनके विचारानुसार नए शासकों की सत्ता स्थापित होने पर 13वीं, 14वीं शताब्दी में विलास सामग्री और सुविधाओं की मांग बढ़ी। इन शासकों के साथ आए हुए लोगों को भारत में भी उन सुविधाओं और भोगविलासवाली वस्तुओं की जरूरत पड़ी जिनके वे अभ्यस्त थे। डॉ. हबीब का विचार है कि इसके कारण भारत में पहली बार अनेक नई कलाओं, तकनीकों और कारखानों में निर्मित होनेवाली वस्तुओं की नई विधियों का प्रवेश हुआ। गुंबदों, मेहराबों और कागज का निर्माण होने लगा। घोड़ों की नालें, रकाबें भी शायद पहली बार बनने लगीं। उनका विचार है कि ऊंचे दरजे के वस्त्रों की मांग का बढ़ जाना बहुत उल्लेखनीय परिवर्तन था। सिले हुए वस्त्रों का रिवाज बहुत बढ़ गया। तुर्कों के साथ वस्त्रों की सिलाई यानी दरजी की कला भी करीब-करीब नई कला के रूप में ही भारत में आई।

इन नई मांगों की बढ़ोतरी के साथ-साथ यह भी हुआ कि नए शासकों के हाथ में देश के आर्थिक स्रोत भी केंद्रित होकर आने लगे। अलाउद्दीन खिलजी खेती की पैदावार का आधा हिस्सा भूमि लगान के रूप में वसूल करता था। इस धनराशि का वितरण सरदारों में होता था। वे इस संपत्ति से मौज मनाते थे और शिल्पियों को काम कर लगाते थे।[14]

शिल्पियों की मांग इतनी बढ़ी कि उनकी पूर्ति इस देश के शिल्पियों से नहीं हो पाती थी। नई कलाकुशलता को स्वीकारने में जातिव्यवस्था का पुराना ढांचा आड़े आता

था। यह कमी दो तरीकों से पूरी हुई : 1. बाहरी देशों के कारीगरों को यहां लाया गया और 2. बड़ी संख्या में गुलाम बनाए गए लोगों से शिल्पियों का काम लिया गया— संभवतः हबीब का आशय यह है कि उन्हें विभिन्न कौशल सीखने के लिए विवश किया गया। बर्नी ने दिल्ली के 'गुलाम-बाजार' का जो विवरण दिया है उससे पता चलता है कि 'काम में सुशिक्षित' और 'अशिक्षित' 'गुलाम बच्चे' बेचे जाते थे। कहते हैं अलाउद्दीन खिलजी की सेवा में पचास हजार, फीरोज तुगलक की सेवा में एक लाख अस्सी हजार गुलाम थे जिनमें से बारह हजार शिल्पियों का काम करते थे।[15]

डॉ. इरफान हबीब का विचार है कि धीरे-धीरे देखादेखी इस देश के पुराने शिल्पियों ने भी ये कलाएं सीखनी शुरू कीं। उनमें से कुछ ने इस्लाम स्वीकार किया कुछ ने नहीं।[16] कई समूहों या जातियों के हिंदू और मुसलमान दोनों होने का यही रहस्य है— जैसे कि जुलाहा और कोरी। 13 वीं, 14वीं शताब्दी में केन्द्रीय सत्ता के स्थापित होने पर व्यापार में स्थिरता आई और इससे निम्नवर्ण के शिल्पियों की आर्थिक दशा में सुधार हुआ। आर्थिक दशा में सुधार होने पर इन्होंने सामाजिक स्थिति और सम्मान भी प्राप्त करने का प्रयास किया।

क्या कबीर का रामानंद को गुरु बनाने का अथक प्रयास करना इसी प्रयास का परिणाम था?

इसमें कोई संदेह नहीं कि निर्गुण धारा के अधिकांश संत तथाकथित निम्नवर्ण से संबद्ध थे। जुलाहा या वयनजीवी जाति का इतिहास तो इस देश के साहित्य के विकास में बहुत महत्त्वपूर्ण है। आचार्य हजारीप्रसाद द्विवेदी ने 'कबीर' में इस जाति के इतिहास पर जो प्रकाश डाला है वह आज भी कई दृष्टियों से महत्त्वपूर्ण लगता है। उससे डॉ. इरफान हबीब के निष्कर्षों का समर्थन भी होता है और थोड़ा पीछे का इतिहास भी झलकता है।

द्विवेदीजी ने पौराणिक उल्लेखों का ऐतिहासिक उपयोग किया है। उनमें इतिहासकार की भी वह दुर्लभ प्रतिभा है कि पौराणिक उल्लेखों के कुहासे को छांटकर उसमें से समाजेतिहासिक निष्कर्ष निकाल लें। द्विवेदीजी ने 'ब्रह्मवैवर्त पुराण' के ब्रह्मखंड के दसवें अध्याय के कुछ शलोकों को उद्‌धृत करके दिखाया है कि पुराण के अनुसार : "म्लेच्छ से कुविंद कन्या में 'जोला' या जुलाहा जाति की उत्पत्ति हुई है। अर्थात् म्लेच्छ पिता और कुविंद माता से जो संतति हुई वही जुलाहा कहलाई। पुराणकार ने म्लेच्छ और कुविंद के संबंध में कोई संदेह नहीं रहने दिया। विश्वकर्मा ने शूद्रा के गर्भ से नौ शिल्पकार पुत्र उत्पन्न किए थे : माली, लुहार, शंखकार, कुविंद, कुम्हार, कसरा, बढ़ई, चित्रकार, सुनार।"[17]

कुविंद वयनजीवी शिल्पी थे। जुलाहा पिता और कुविंद कन्या से 'शराक' की उत्पत्ति हुई। 'शराक' भी वयनजीवी शिल्पी जाति है। 'ब्रह्मवैवर्त' पुराणकार ने 'म्लेच्छ' की उत्पत्ति भी बताई है। शूद्र माता और क्षत्रिय पिता से म्लेच्छ की उत्पत्ति हुई। म्लेच्छ

पापपरायण बताए गए हैं। दिक्कत यही थी कि पापपरायण होने के बावजूद वे निर्भय और दुर्धर्ष थे। 'ब्रह्मवैवर्त पुराण' की पंक्तियाँ इस प्रकार हैं :

म्लेच्छात् कुविन्दकन्यायां जोला जातिवभूव ह।
जोलात् कुविन्दकन्यायां शराकः परिकीर्तितः॥
विश्वकर्मा च शूद्रायां वीर्याधानं चकार ह।
ततो बभूव पुत्रास्ते नवैते शिल्पकारिणः॥
मालाकारः कर्मकारः शंखकारः कुविन्दकः।
कुम्भकारः कांसकारः षडेते शिल्पिनां बराः॥
सूत्रधारश्चिकारः स्वर्णकारस्तथैव च।
पतितास्ते ब्रह्मशापाद् अजात्या वर्णसंकराः॥
क्षत्रवीर्येण शूद्रायमृतुदोषेण पापतः।
बलवत्यो दुरन्ताश्च बभूवम्लेच्छजातयः॥
अबिद्धकर्णाः क्रूराश्च निर्भयाः रणदुर्जयाः।
शौचाहारविहीनश्च दुर्धर्षा धर्मवर्जिताः॥

('कबीर' पृ. 17-18 उद्धृत)

म्लेच्छ अर्थात् मुसलमान, क्षत्रिय पिता और शूद्र माता से उत्पन्न हुए। म्लेच्छों के प्रति पुराणकार का विशेष कोप है। वे 'अबिद्धकर्णाः' कान नहीं छिदवाते, क्रूर निर्भय हैं, शौचाहार विहीन हैं—खान-पान में पवित्रता नहीं बरतते।

फिर भी पुराणकार ने स्वीकार किया कि वे बलवान, दुरंत, निर्भय, दुर्धर्ष हैं। यह राजनीतिक यथार्थ का आग्रह रहा होगा। यदि म्लेच्छ का अर्थ मुसलमान है जैसा कि द्विवेदीजी मानते हैं, तो निश्चय ही इस पुराण की रचना इस्लाम की भारत में विजय के उपरांत हुई होगी।

साथ ही पुराणकार ने नौ प्रकार के शिल्पियों को ब्रह्मशाप से ग्रस्त, पतित, वर्ण-संकर और अजाति बताया है। 'अजात' शब्द का प्रयोग आज भी गांव में 'जाति-बहिष्कृत' के लिए होता है। ये शिल्पी वर्णहीन या अवर्ण थे।

'ब्रह्मवैवर्तपुराण' का उपर्युक्त उल्लेख जातिप्रथा के टूटने का स्पष्ट संकेत देता है। यह उस स्थिति का द्योतक है जब म्लेच्छ इस देश में शासक हो चुके थे और शिल्पीवर्ग का उत्थान हो रहा था।

महमूद गजनवी के हमले के पूर्व रचित अपभ्रंश काव्य 'संदेशरासक' के कवि ने अपने को 'कोलिय' कहा है। टीकाकारों ने 'कोलिय' का अर्थ 'तंतुवाय' किया है जिससे पता चल जाता है कि कवि 'कोरी' है। कवि अद्दहमाण मा अब्दुल रहमान ने जो आत्मपरिचय दिया है, वह संकेतपूर्ण है :

पच्चाएसि पहूओ पुब्बपसिद्धो यमिच्छदेसोत्थि

तहविसए संभूओ आरद्दो मीरसेणस्स
तह तणयो कुल कमलो पाइय कव्वेसु गीय विसयेसु
अद्दहमाण पसिद्धो संनेहय रासयं रइयं। **(संदेश रासक, 4)**

अब्दुल रहमान ने काव्य के प्रारंभ में सूर्य, चंद्र, तारे, पृथ्वी, आकाश को बनानेवाले 'कर्तार' (कर्तार) की जैसी वंदना की है वह जायसी से बहुत मिलती-जुलती है। इस काव्य में इस बात के संकेत हैं कि वह मुस्लिम थे, वयनजीवी थे और संभवतः नवमुस्लिम थे। उन्होंने अपने पिता का नाम 'मीरसेन' बताया है। वे भारतीय साहित्य की परंपरा के मर्मज्ञ रचनाकार हैं इसलिए वे विदेशी मुस्लिम नहीं हो सकते। उनकी कविता श्रृंगारी है। इसलिए उनकी रचना को निर्गुण साहित्यधारा में नहीं रख सकते यद्यपि वह स्वयं एकेश्वरवादी रहे होंगे।

> द्विवेदीजी ने उपर्युक्त पंक्तियों का एक और अर्थ सुझाया है जो बड़े काम का है। अब्दुल रहमान में भारतीय साहित्य के संस्कार पूरी मात्रा में विद्यमान थे। रिजली ने बहुत पहले बताया था कि जुलाहे पंजाब से ढाका तक एक धनुषाकृति भूखंड में बसे हुए हैं और जान पड़ता है कि किसी समय वे सामूहिक रूप में मुसलमान हुए थे। मैंने अपनी 'कबीर' नामक पुस्तक में विस्तारपूर्वक दिखाया है कि किन कारणों से जुलाहे धीरे-धीरे मुसलमान हुए और पीढ़ियों तक उनमें हिंदू संस्कार बने रहे। दूसरा अर्थ इस प्रकार होगा : पूर्व देश में जो मिथ्या धर्म विश्वास व्यापक रूप से फैला हुआ है (उसके) प्रत्याख्यान (के पुण्य) से मीरसेन के धर में उसी मिथ्या देश में एक आरद्द (1. घर आया हुआ, 2. जुलाहा) उत्पन्न हुआ जो उसके कुल का कमल सिद्ध हुआ (कमल जिस प्रकार कीचड़ में उत्पन्न होता है उसी प्रकार छोटी जाति में यह कवि उत्पन्न हुआ)।[18]

द्विवेदीजी ने जुलाहा तथा अन्य वयनजीवी जातियों के दृष्टांत देकर बलपूर्वक कहा है : 'शायद ही किसी अन्य जाति में अपनी वर्तमान सामाजिक मर्यादा के विषय में ऐसा तीव्र असंतोष हो जैसा कि वयनजीवी जातियों में पाया जाता है।'[19] यह निष्कर्ष महत्त्वपूर्ण है। इसका कारण यह है कि भारत में अन्य शिल्पियों की अपेक्षा वयनजीवी शिल्पियों की स्थिति बेहतर रही है। प्राचीन और मध्यकालीन भारत में कपड़े का व्यापार सर्वाधिक उन्नत अवस्था में रहा है।

वयनजीवी जातियों में काव्यरचना की प्रवृत्ति भी काफी पुरानी मालूम पड़ती है। 'भोजप्रबंध' में उल्लिखित एक रोचक प्रसंग मिलता है। जिससे पता चलता है कि बुनकरी का पेशा और कविता करने का काम साथ-साथ चल सकता था। एक कुविंद ने साहसाङ्क से कहा : 'कविता करता हूं, बहुत अच्छी नहीं करता, यत्न करूं तो अच्छी भी कर सकता हूं। मैं कविता करता हूं, बुनकरी करता हूं। अच्छा, यदि आपको मेरा कुछ भी पसन्द नहीं तो जाता हूं'.

काव्यं करोमि नहि चारुतरं करोमि ।
यत्नात् करोमि यदि चारुतरं करोमि ।
भूपालमौलिमणिमण्डितपादपीठ ।
हे साहसाङ्क ! कवयामि वयामि, यामि ॥ **('भोजप्रबन्धः'94)**

'कवयामि, वयामि यामि' में अनुप्रास का चमत्कार तो है ही। लेकिन उनमें केवल ध्वनिगत या शाब्दिक, सहभागिता नहीं, व्यवसायगत या आचारगत सहभागिता भी है। इस छंद का महत्त्व रोचकता में तो है ही इस तथ्य में भी है कि 'भोजप्रबंध' की रचना के समय इस देश में वयनजीविता और काव्यरचना—दोनों काम एक ही आदमी कर सकता था, करता था। 'यामि' के इस भाव से—कि पंसद नहीं हो जाता हूं—थोड़ा-थोड़ा स्वाभिमान भी व्यंजित होता है।

बाद में राजा ने कुविंद को 'तू' कहकर संबोधित किया तो उसे क्रोध भी आया। उसने कहा—कालिदास के अतिरक्ति मैं किसी को कवि नहीं मानता। आपकी सभा में कालिदास जैसा है कौन? कुविंद (जुलाहे) ने अंत में राजा से अपना रोष भी प्रकट कर दिया : 'बाल्यावस्था में पुत्र, संभोग के समय स्त्री, स्तुति करते समय कवि और युद्धस्थल में योद्धा यदि 'तू'? शब्द का प्रयोग करें तो प्रशंसनीय समझा जाता है परंतु तुमने मुझे किस मोह में पड़कर 'तू' कहा ? याद करो':

बाल्ये सुतानां सुरतेऽङ्गनानां
स्तुतौ कवीनां समरे भटानाम्
त्वंकारयुक्ता हि गिरः प्रशस्ता
कस्ते प्रभो मोहभरः स्मरत्वम। **(भोजप्रबन्धः 198)**

बुनकरों और कविता के गहरे सम्बन्ध की सूचना मंदसौर के लेख से भी मिलती है। यह छठी शताब्दी के आस-पास का बताया जाता है।

अब चिन्तकों ने इस धारणा को अस्वीकार करना शुरू कर दिया है कि परंपरागत भारतीय समाज 'स्थिर' या अपरिवर्तनशील रहा है। उनका विचार है कि जाति-पांति को व्यवस्था का पर्याय नहीं समझना चाहिए। जातिव्यवस्था में आर्थिक स्थिति के अनुसार ऊंचा-नीचा होता रहता है। जातिव्यवस्था, अपेक्षाकृत 'गत्वर' और 'खुली' रही है।[20] उदाहरण के लिए जब क्षत्रिय वर्ण की बात आती है तब इसका अर्थ वेदों के समय से लेकर आज तक किसी शासकवर्ग से नहीं होता। प्रायः इसका मतलब उस स्थानीय समूह से होता है जिन्होंने आर्थिक-राजनीतिक शक्ति हथिया ली। डॉ. श्रीनिवास का मत है कि भारतीय प्रायद्वीप में विशुद्ध क्षत्रिय और वैश्य हैं ही नहीं। स्थानीय जातियां सैनिक या व्यावसायिक परंपरा के कारण क्षत्रिय या वैश्य कहलाती हैं।[21] मतलब यह कि लौकिक अवनति या उन्नति से किसी जाति का वर्ण ऊपर-नीचे हो सकता है। और यह भारत में बहुत होता रहा है। जुलाहों और अन्य वयनजीवी जातियों में उच्चतर वर्ण में परिगणित

होने का उपक्रम बहुत मिलता है। सन् 1901 की मतगणना के अनुसार बाईस प्रकार की वयनजीवी जातियां थीं : 'सारे भारतवर्ष में इन सभी जातियों की सामाजिक मर्यादा एक ही सी नहीं है। निचले बंगाल के तांती इनमें सबसे अधिक ऊंची सामाजिक मर्यादा के अधिकारी बताए गए हैं। अधिक धनी और संभ्रान्त होने पर ये लोग कायस्थों के साथ विवाह संबंध भी कर लेते हैं।'[22] द्विवेदीजी ने 'भारतवर्ष में जातिभेद' नामक पुस्तक से आचार्य क्षितिमोहन सेन की ये पंक्तियां उद्धृत की हैं :

> बंगाल के जुगी (युगी) या नाथ लोग पहले तो वेदस्मृति शासित हिन्दू ही नहीं थे। नाथधर्म एक स्वतंत्र और पुराना धर्म है। मध्ययुग में इनमें से अधिकांश बाध्य होकर मुसलमान हो गए थे। ये ही जुलाहे हुए। ये स्वयं अपना पौरोहित्य किया करते थे। बाद में उन लोगों ने, जो पुरोहित का काम करते थे, जनेऊ पहनना शुरू किया। इससे समाज में एक जबरदस्त आंदोलन शुरू हुआ। टिपरा जिले के कृष्णचन्द्र दलाल ने जनेऊ पहनने का आंदोलन किया था। अब इनमें कितने ही बाहर जाकर 'पंडित', 'शर्मा' और उपाध्याय' बनकर बाकायदा ब्राह्मण बन गए हैं।[23]

यह जातिप्रथा की परिवर्तनशीलता की वास्तविक स्थिति है। किंतु इससे वर्णव्यवस्था का ढांचा नहीं टूटता। तांती ऊपर खिसककर कायस्थ या शर्मा बन गया तो वह भी अन्य वयनजीवी जातियों को 'अवर्ण' समझकर उनसे रोटी-बेटी का संबंध तोड़ लेगा। जाति-व्यवस्था वर्णव्यवस्था की परिधि में ही परिवर्तित होती आई है। इसी बात को ध्यान में रखकर डॉ. श्रीनिवास ने कहा है : 'पारम्परिक युग में जाति की गतिशीलता का परिणाम किसी जाति या उसके हिस्से के स्थानगत परिवर्तन में ही होता था। इससे संरचनात्मक परिवर्तन नहीं होता था।'[24]

वर्णव्यवस्था की परिधि में जाति-पांति के ऐसे परिवर्तन भारत में बहुत प्राचीन काल से होते आए हैं। अनुमानतः ऐसे परिवर्तनों के पीछे आर्थिक कारण जरूर रहे हैं। यद्यपि सर्वत्र आर्थिक कारणों को ढूंढ़ पाना दुष्कर है। उत्तर भारत में सरहपा जैसे सिद्ध ने वर्णाश्रम-व्यवस्था पर तीव्र आघात इस्लाम के भारत आगमन के बहुत पूर्व किया था। सरहपा का आघात कबीर से कम तीव्र नहीं :

> बम्हणसिम म जाणन्त हि भेउ। एवइ पठियउ ए चउवेउ।
> मट्टि पाणि कुस लई पठन्त। घरहीं बइसी अग्नि हुणन्त।
> कज्जे बिरहइ हु अवह होमें। अक्खि डहाविअ कडुएं धुएं।

(राहुल सांकृत्यायन : 'हिन्दी काव्य धारा', सरहपा)

सरहपा स्वयं ब्राह्मण थे। किन्तु यह ध्यातव्य है कि उन्होंने शरकार कन्या से विवाह कर लिया था। शरकार अर्थात् तीर बनानेवाली जाति। यह जाति भी शिल्पी ही रही होगी।

ज्ञात होता है कि दक्षिण भारत में वैष्णव आंदोलन के प्रवर्तन का भी सामाजिक

आधार यह था कि वहां शूद्रों, शिल्पियों या निम्नवर्ण के लोगों की आर्थिक-सामाजिक स्थिति में थोड़ा-बहुत सुधार हो चला था। किन्तु इस विषय में दो बातों का ध्यान रखना बहुत जरूरी है। एक तो इस सुधार की बात आपेक्षित दृष्टि से ही की जा रही है, दूसरे इस निष्कर्ष पर पहुंचने के लिए अभी बहुत तथ्यों को इकट्ठा करने की जरूरत है।

'मनुस्मृति' में शूद्रों पर जो पाबंदी लगाई गई है, उससे अनुमान लगाया गया है कि उस समय वर्णाश्रम व्यवस्था के लिए खतरा महसूस किया जाने लगा था। 'कतिपय प्राचीन पुराणों में कलियुग के जो वर्णन मिलते हैं, वे प्रायः इसी युग का संकेत करते हैं जबकि वर्ण के आधार पर विभाजित ब्राह्मण समाज की नींव अवधर्मी संप्रदायों के कार्यकलाप और बैक्टेरियन ग्रीक, शक, पार्थियन और कुषाणों जैसे विदेशियों की चढ़ाई के कारण हिल गई थी।'[25] इस काल में शूद्रों और वैश्यों के अंतर क्रमशः मिटते जा रहे थे। शूद्र शिल्पी बन रहे थे।[26] मालूम होता है कि इस काल में शिल्पियों की संख्या तो काफी बढ़ी ही, उनकी परिस्थिति में भी सुधार हुआ।[27] इस काल में (200 ई. पू. से 200 ई. तक के बीच में) प्राप्त उल्लेखों में गंधियों और स्वर्णकारों को अनेक बार उदार उपासक कहा गया है।[28] 'मिलिंद पञ्हों' में पांच दर्जन शिल्पियों की चर्चा मिलती है। ऐसा जान पड़ता है कि वस्त्रनिर्माण, रेशम, बुनाई एवं अस्त्र-शस्त्र और विलाससामग्रियों के निर्माण में अच्छी प्रगति हुई थी। इन सब बातों से पता चलता है कि इस काल के शिल्पियों ने तकनीकी और आर्थिक विकास में महत्त्वपूर्ण योगदान किया था।[29]

दूसरी शताब्दी ई. में, दक्षिण में जहां सातवाहन राज्य करते थे, बौद्ध उपासक कुंभकारों, तेल कारखानों के मालिकों और बुनकरों के पास रुपये जमा करते थे जिससे भिक्षुओं को वस्त्र आदि दिए जाते थे।[30] 'सिद्ध होता है कि शिल्पकार संघ बनाकर स्वतंत्र रूप से काम करते थे। स्पष्ट है कि वे जमा की हुई इस धनराशि से अपने लिए कच्चा माल और उपकरण खरीद सकते थे और उत्पादित सामग्री को बेचने से हुई आय से उक्त राशि का ब्याज चुका सकते थे।'[31]

मनु ने शूद्रों को दंड देने का बहुत विधान किया है। साथ ही यह आश्चर्यजनक विधान (!) भी किया है कि जो शूद्र ब्राह्मण को गाली दे उसे 12 पण जुर्माना देना पड़े।[32] प्रो. रामशरण शर्मा ने लिखा है : 'यह ऐसा प्रावधान है जिसे हम पूर्व के विधिग्रंथों में नहीं पा सकते।'[33] दूसरी शताब्दी में दक्षिण में वर्णव्यवस्था इतना गड़बड़ा गई थी कि यह महत्त्वपूर्ण है कि इस काल के अंतिम भाग में सातवाहन शासक गौतमीपुत्र शातकर्णि (ई. सं. 106-130) दे दावा किया है कि उन्होंने ब्राह्मणों और शूद्रों (अवरों) को समझा-बुझाकर वर्णव्यवस्था की गड़बड़ी को दूर किया और पुनः चातुर्वर्ण्य व्यवस्था स्थापित की।[34]

इस काल में शिल्पियों की दशा में थोड़ा सुधार हुआ तो उसके साथ-साथ यह भी हुआ कि वर्णसंकर जातियों ने महत्त्वपूर्ण शिल्पों को अपनाया।[35] यही नहीं, मनु ने जो

विधान दिया है उससे स्पष्ट है कि कुछ ब्राह्मण शूद्रों को पढ़ाते थे,[36] किन्तु ब्राह्मणों का एक वर्ग ऐसा भी था जो शूद्रों के धार्मिक अनुष्ठान में सहायक का काम करता था।[37] ब्राह्मण शूद्रों से धन लेकर अग्निहोत्र करते थे।[38] बाद में यह भी बताया गया कि शूद्र छोटे-मोटे घरेलू यज्ञ कर सकते हैं।[39]

इतिहासकारों का कहना है कि ईसा की पहली शताब्दी से भारत में बहुत बड़ा परिवर्तन हुआ। वर्णव्यवस्था की नींव हिलने लगी। प्रो. रामशरण शर्मा ने निष्कर्ष निकाला है :

> शूद्र की स्थिति में परिवर्तन के इन लक्षणों से हम यह अनुमान लगा सकते हैं कि जिस पुराने समाज ने उन पर अनेकानेक अशक्तताएं लादकर उन्हें गुलाम बना रखा था, वह विलीन होने लगा था और उसकी जगह ऐसा नया समाज पनप रहा था जिसने उन्हें बेहतर स्थान दिया। परिवर्तन की इस प्रक्रिया को गुप्तकाल में और अधिक बढ़ावा मिला। युगांत शब्द के बार-बार प्रयोग से उन मूल्यों के विनाश का संकेत मिलता है जो प्राचीन समाज के आधार थे।[40]

'युगांत' शब्द का बार-बार प्रयोग निस्संदेह महत्त्वपूर्ण है। इसकी सार्थकता भौतिक क्षेत्र से अधिक भावनात्मक अर्थात् साहित्यिक और धार्मिक क्षेत्र में प्रकट हुई।

दक्षिण भारत में इन परिस्थितियों का कुछ-न-कुछ प्रभाव जरूर पड़ा होगा। सातवाहन शासक उत्तर भारत के नहीं थे जिन्होंने ब्राह्मणों और शूद्रों को समझा-बुझाकर किसी प्रकार वर्णव्यवस्था पुनःस्थापित की। इससे लगता है कि शूद्रों एवं शिल्पियों की स्थिति में सर्वत्र सुधार हो रहा था। जब कहीं उनकी स्थिति बेहतर हो जाती थी तब वे वर्णव्यवस्था में कुछ ऊपर की स्थिति में पहुंचने का प्रयास करते थे।

पहली शताब्दी के बाद दक्षिण भारत में कई शताब्दियों तक राजसत्ता अनेक पराक्रमी शासकों के हाथों में रही। चोलवंशी शासक करिकाल ने (परवर्ती चोलसाम्राज्य के शासकों के पूर्व) कावेरी के जल को नियंत्रित करके सिंचाई की व्यवस्था की। श्रीलंका के बंदियों को लगाकर कावेरी के मुहाने पर पुहार का प्रसिद्ध बंदरगाह निर्मित करवाया। इससे व्यापार और उद्योग की बहुत उन्नति हुई और सर्वतोमुखी आर्थिक विकास हुआ।[41]

दक्षिण की उन्नति में कांचीपुरम का विशेष स्थान है। यह परवर्ती शासकों पल्लवों की राजधानी थी। 7वीं शती के अंतिम और 8वीं शती के प्रारंभ में पल्लव शासक नरसिंहवर्मन ने स्थापत्य को अभूतपूर्व बढ़ावा दिया। कांची में उसने प्रसिद्ध राजसिंहेश्वर मंदिर बनवाया। उसके समय चित्रकला की बहुत उन्नति हुई। 720 ई. में उसने चीन को राजदूत भेजा। तत्कालीन चीनी शासक से उसका समझौता भी हुआ।[42] कांचीपुरम के शिल्पियों का सम्मान 10वीं शताब्दी में और बढ़ा। मद्रास म्यूजिम के उत्तम चोल ताम्रपत्र के अनुसार कांचीपुरम के बनुकरों को स्थानीय मंदिर की वित्तीय देखभाल का काम सौंप

दिया गया था। इन बुनकरों को वैश्यों, व्यापारियों जैसा सम्मान अवश्य मिला होगा।[43]

यहां यह स्मरण कर लेना अप्रासंगिक न होगा कि रामानुजाचार्य का जन्म कांचीपुरम के पास भूत नगरी में हुआ था और बचपन में ही विद्याध्ययन के लिए यादव प्रकाश के पास कांचीपुरम में आ गए थे। कांचीपुरम में ही उनकी भेंट भक्त कांचीपूर्ण से हुई। कांचीपूर्ण रामानुज के शूद्र गुरु थे।[44]

ऊपर उत्तर भारत और दक्षिण भारत में भक्ति आंदोलन के उद्भव की जिन परिस्थितियों का उल्लेख किया गया उनसे लगता है कि भक्ति आंदोलन के उद्भव और प्रचार की परिस्थितियां उत्तर और दक्षिण दोनों स्थानों पर एक तरह की थीं। इस्लाम के आगमन के पूर्व ही इस देश में—देश के विभिन्न भागों में—शिल्पियों विशेषतः वयनजीवी शिल्पियों का महत्त्व बढ़ा हुआ था। इस देश में वर्णव्यवस्था इस अर्थ में शिथिल होने लगी थी कि आर्थिक स्थिति सुधरने पर शूद्र या निम्नवर्ण की जातियां ऊपर के वर्ण में घुस आती थीं। जातिव्यवस्था के फलने-फूलने के लिए स्थिर सामाजिक व्यवस्था बहुत उपयोगी होती है। इसलिए जब-जब कोई विदेशी और भिन्न धर्मावलंबी आक्रमण करके विजय प्राप्त कर लेता था तब-तब इसमें थोड़ा परिवर्तन दिखाई पड़ने लगता था। मनु के समय में वर्णव्यवस्था में जो शिथिलता आई यानी नीचे की जातियों का जो ऊपर आना शुरू हुआ, वह कुषाणों, शकों के आक्रमण और विजय का परिणाम था। विदेशी प्रभाव का सर्वाधिक उपयोग अंदरूनी असंतुष्ट किन्तु समर्थ तत्त्व करते हैं। भारत के प्राचीन व्यापार में शिल्पियों की प्रमुख भूमिका रही है। इनकी स्थिति में सुधार भी होता रहा है। दक्षिण में सूती कपड़ा उद्योग, स्थापत्य और नौकानिर्माण के व्यापक प्रचलन ने शिल्पियों की स्थिति को बेहतर बनाने और सामाजिक स्थिति को सुधारने में प्रमुख भूमिका निभाई होगी। उत्तर में तुर्कशासकों ने युद्धबंदियों को शिल्पी बनाया, दक्षिण में भी चोलशासक करिकाल ने श्रीलंका के युद्धबंदियों के श्रम से पुहार का प्रसिद्ध बंदरगाह बनवाया। उसके समय में भी कावेरी के जल को नहरों में प्रवाहित करके सिंचाई की व्यवस्था की। कहते हैं कि वर्णव्यवस्था के फैलने पर आदिम जातियां जब इस व्यवस्था में आईं तब उन्हें शूद्र माना गया। किंतु ये लोग खेती करते थे और समृद्ध थे। इनकी स्थिति अन्य शूद्रों की तुलना में बेहतर थी। लगता है जाट भी इसी प्रकार की कृषिकर्मी जाति थी जो वर्णव्यवस्था में अभी तक पूरी तरह स्थापित नहीं हो पाई है। ऐसी आदिम जातियां दक्षिण में भी रही होंगी। वयनजीवी जातियों के साथ-साथ इन अपेक्षाकृत समृद्ध अवर्ण कृषिकर्मी जातियों का भी भक्ति आंदोलन के प्रति आकृष्ट होना या भक्ति आंदोलन के मूल में होना संभव है।

कांचीपुरम का बुनकरों का केंद्र और राजधानी होना संकेतपूर्ण है। आलवारों में दो शूद्र, एक अंत्यज, एक महिला का होना, रामानुज का शूद्र कांचीपूर्ण को गुरु बनाना, शूद्र मित्र से सत्संग करना—यह सब परस्पर असंबद्ध नहीं।

इन सबने उस परम लोकवादी आंदोलन के प्रवर्तन में योगदान किया जो धर्म के सहारे निम्नवर्ण, दीन-दुखी, शोषित, उपेक्षित, और नारी को भावनात्मक धरातल पर अन्यों के समकक्ष घोषित करता था।

लेकिन यह सब किसी विशिष्ट विचारधारा या विश्वबोध के बिना संभव नहीं था। सामाजिक परिवर्तन आंदोलन का रूप तभी लेते हैं जब उन्हें कोई अनुकूल विश्वबोध या विचारधारा मिल जाती है। विश्वबोध सृष्टि को विशेष तौर पर व्याख्यायित या व्यवस्थित करता है। विचारधारा सामाजिक आंदोलन का प्रेरणास्रोत और प्रतिफलन दोनों है। शंकर के अद्वैत में जगत् की वास्तविकता नहीं है। जो दिखलाई पड़ रहा है वह नहीं है। वह भ्रम के कारण इस रूप में दिखलाई पड़ रहा है। यह जगत् की स्थिति हुई। सत्य है ब्रह्म। किन्तु ब्रह्म को जाना नहीं जा सकता। वह निर्विकार, निराकार ही नहीं अनिर्वचनीय भी है यानी उसके विषय में कुछ कहा भी नहीं जा सकता। वह विशेषण से अलग है—न, 'प्रतिषिद्ध सर्वविशेषत्वाद् ब्रह्मणः'[45] रामानुज का शंकर से, विशिष्टाद्वैत का अद्वैत से मूल अंतर यही है। शंकर का ब्रह्म विशेषण से रहित है। रामानुज का ब्रह्म विशेषण से युक्त विशिष्ट है, इसीलिए उनका अद्वैत विशिष्टाद्वैत है। रामानुज के अनुसार जगत् मिथ्या नहीं, वास्तविक है। जीवन और जगत् ब्रह्म के शरीर हैं। शरीरी ब्रह्म है। ब्रह्म जीव और जगत् को धारण करता हुआ उसका नियमन करता है जैसे शरीरी शरीर का। चेतन अचेतन जीव और प्रकृति दोनों उसके अंग हैं—'अतस्सर्वं परमपुरुषेण सर्वात्मना स्वार्थे नियाम्यं धार्य तच्छेषतैकस्वरूपमिति सर्वचेतना चेतनं तस्य शरीरम्'।[46]

जगत् ब्रह्म का विशेषण है, ब्रह्म विशेष्य है। जैसे नीलकमल का नीलत्व कमल से पृथक् नहीं, वैसे ही जगत् ब्रह्म से पृथक् नहीं।

इस जगत् को महत्त्व देने में ही भक्ति और लोकोन्मुखता का बीज है। जो है, दिखलाई पड़ रहा है, वह मिथ्या नहीं, सच है। यह लोक और लौकिक यथार्थ की विश्वबोधात्मक या विचारधारात्मक स्वीकृति है। अब चिंतन, दर्शन और धर्म का केंद्र अमूर्त ब्रह्म नहीं रह गया। धर्म का सरोकार इस दृश्य समता-विषमता से युक्त भौतिक जगत् से भी हो गया। रामानुज के चिंतन पर आलवारों के प्रभाव को स्वीकार किया गया है, किंतु रामानुज के विशिष्टाद्वैत के बिना आलवारों की साधना आंदोलन नहीं बन सकती थी। उत्तर भारत में भक्ति आंदोलन की धारा दक्षिण से आई। रामानुजाचार्य जो कार्य दक्षिण में 12वीं शताब्दी में कर चुके थे, उसे 15वीं शताब्दी में उत्तर भारत में रामानंद ने किया। यह तीन शताब्दियों का अंतर इसलिए नहीं था कि उत्तरी भारत में परिस्थितियों का अभाव था। इसका कारण था विचारधारा का अभाव, जिसके लिए उत्तरी भारत को प्रतीक्षा करनी पड़ी। इसमें कोई संदेह नहीं कि तुर्की शासकों के आने से शिल्पियों की संख्या बहुत बढ़ी, उनकी आर्थिक स्थिति में सुधार हुआ और इससे निर्गुण संप्रदाय के विकसित होने की भूमि तैयार हुई। किन्तु जाति-प्रथा भारत में बहुत पहले से लगभग

पहली शताब्दी ई. के आस-पास टूटने लगी थी, वर्णव्यवस्था मौजूद थी लेकिन उसकी आंतरिकता में उथल-पुथल मच रही थी।

उत्तरी भारत में भक्ति की विचारधारा या भक्ति का शास्त्र तो दक्षिण से आया, किंतु उत्तर भारत में आकर वह दक्षिण जैसा शांत और स्निग्ध नहीं रह गया। उत्तर में वह खरा, आग्रही, अधिक विद्रोही एवं आक्रामक बना। इसके लिए केवल तुर्कों का शासन जिम्मेदार नहीं, इसके लिए नाथ-सिद्धों की आत्मविश्वासी और वर्णव्यवस्था का तीव्र विरोध करनेवाली परंपरा जिम्मेदार है । इसीलिए दक्षिण भारत में न तो हठयोग और भक्ति का वैसा मिलन हुआ और न वैसा अक्खड़पन दिखलाई पड़ा जैसा कबीर में है। दक्षिण में इस्लाम के साथ सूफी संप्रदाय और हठयोग की साधना का मेल भी नहीं हुआ। इसीलिए रामानुजाचार्य सारे विद्रोह विरोध के बावजूद वर्णाश्रम व्यवस्था और सामाजिक मर्यादा, खान-पान में भेद-भाव के विरोधी नहीं, समर्थक थे। शूद्रगुरु कांचीपूर्ण से उपदेश लेनेवाले रामानुज ने जगन्नाथपुरी में जाकर खान-पान में भेदभाव स्थापित करने का प्रयास भी किया। वस्तुतः रामानुजाचार्य वर्णव्यवस्था के समर्थन और विरोध के मध्य स्थित दिखलाई पड़ते हैं। के. दामोदरन ने वर्णव्यवस्था के प्रति उनके दृष्टिकोण की व्याख्या इन शब्दों में की है :

> रामानुज ने भी सामंतवाद की परिधि के भीतर ही अपने सिद्धान्तों का विकास किया। तो भी जातिप्रथा के प्रति उनका दृष्टिकोण उतना अनमनीय और रूढ़ नहीं था जितना शंकराचार्य का। उन्होंने घोषणा की कि भक्ति सभी जातिभेदों से ऊपर है और वह ईश्वर की आराधना में सबके लिए समानता के समर्थक हैं। उनके अनुसार विष्णु के सभी भक्त समान हैं, क्योंकि सभी लोग—ऊंची जातिवाले और नीच जातिवाले—ब्रह्म की ही अभिव्यक्ति हैं।... तो भी उन्हें उन जाति-बन्धनों को तोड़ने में बड़ी कठिनाइयों का सामना करना पड़ा जो वैष्णव समाज को विभाजित किए हुए थे। इन कठिनाइयों पर पार पाने के लिए यह नियम बनाया गया कि सभी भक्त भोजन तो अलग-अलग करेंगे किन्तु भजन-प्रार्थना एक साथ करेंगे। बाद में धार्मिक आन्दोलन द्वारा रामानुज के अनुयायियों ने इस अवरोध को भी तोड़ दिया। रामानुज ने तो यहां तक कहा कि 'ईश्वर की भक्ति के लिए अंतिम विश्लेषण में किसी पुरोहित वर्ग की भी जरूरत नहीं।'[47]

रामानुज के विचारों को ढंग से देखने का तरीका यह देखना है कि उनके विचारों का विकास किस दिशा में हो रहा था।

यह दिशा निर्धारित की रामानन्द ने। आचार्य हजारी प्रसाद द्विवेदी के शब्दों में 'सच पूछा जाय तो मध्य युग की समग्र स्वाधीन चिन्ता के गुरु रामानन्द ही थे।'[48] रामानन्द ने वर्णाश्रम व्यवस्था को भक्ति के लिए व्यर्थ बताया।

रामानन्द ने देखा कि भगवान के शरणागत होकर जो भक्ति के पथ में आ गया

> उसके लिए वर्णाश्रम का बन्धन व्यर्थ है, इसीलिए भगवद्‌भक्त को खान-पान के झंझट में नहीं पड़ना चाहिए। यदि ऋषियों के नाम पर गोत्र और परिवार बन सकते हैं तो ऋषियों के भी पूजित परमेश्वर के नाम पर सबका परिचय क्यों नहीं दिया जा सकता। इसी प्रकार सभी भाई-भाई हैं; सभी एक जाति के हैं। श्रेष्ठता भक्ति से होती है, जन्म से नहीं।[49]

इस प्रकार भक्ति आंदोलन के लिए वर्णव्यवस्था को रामानन्द ने व्यर्थ बताया। उनके द्वारा भक्ति आंदोलन अपने चरम उत्कर्ष पर पहुंचा। उन्होंने भक्ति के लिए वर्णाश्रम व्यवस्था को व्यर्थ बनाकर उसके सामंतविरोधी रूप को प्रतिष्ठित किया। उन्होंने भक्ति को सभी प्रकार की संकीर्ण मतवादिता से दूर करके इतना व्यापक बनाया कि उसमें अमीर-गरीब, स्त्री-पुरुष, निर्गुण-सगुण, हिन्दू-मुसलमान सब आ सकें। जिस व्यक्ति को इतने आग्रह से अपना गुरु कबीर ने बनाया हो या माना हो वह कैसा रहा होगा। कबीर जिसे गुरु मानें वह सचमुच कितना माननीय होगा।

रामानन्द ने सामंती व्यवस्था की प्रमुख सामाजिक विशेषता जाति प्रथा को, जिससे नारी पराधीनता की समस्या भी जुड़ी है, भक्ति के लिए व्यर्थ और अस्वीकार्य बना दिया, यह उनका और भक्ति आंदोलन का सर्वाधिक महत्त्वपूर्ण योगदान है। उन्होंने भक्तिभावना को इतना व्यापक और लोकोन्मुख न बनाया होता तो भक्तिसाहित्य भी इतना मानवीय और महान् न बन पाता। निःसंदेह इस महानता की पृष्ठभूमि का निर्माण उत्तर और दक्षिण भारत में ऐतिहासिक, सामाजिक परिस्थितियों ने किया था, उसका विकास, प्रचार, सिद्धांतनिर्माण आलवारों और रामानुजाचार्य ने किया था किन्तु उसे निर्णायक मोड़ रामानन्द ने दिया।[50]

रामानन्द ने ही हिन्दी को धर्म-प्रचार का साधन बनाया। उन्होंने लोकभाषा को अभूतपूर्व महत्त्व प्रदान किया। रामानन्द ने राम और सीता के आदर्श मर्यादावादी उदात्त रूप को उपासना का आलंबन बनाया। रामानन्द ने भक्ति आंदोलन को सतर्क भाव से लोकोन्मुख और बहुत दूर तक लोकवादी बनाया। उन्होंने भक्तों (वैरागियों) का दल भी संगठित किया। रामानन्द अपने मूल संप्रदाय से खान-पान के प्रश्न पर अलग हुए थे। रामानन्द के शिष्यों की सूची 'भक्तमाल' में दी हुई है :

> अनन्तानंद कबीर सुखा सुरसरा पद्‌मावति नरहरि।
> पीपा भावानन्द रैदास धना सेन सुर सुर की धर हरि॥

इनमें कबीर जुलाहा, पीपा राजपूत, रैदास चमार, धना जाट और सेन नाई थे। आज भी यह आश्चर्यजनक लगता है कि इतने विद्वान् ब्राह्मण आचार्य ने चमार, जुलाहा, नाई आदि को अपना शिष्य कैसे बनाया। ध्यान देने की बात यह भी है कि नाई, जुलाहा, चमार को दीक्षा देनेवाले आकाशधर्मा गुरु ने पद्मावती को तथा सुरसुरानन्द के साथ उसकी घरवाली को भी दीक्षा दी। आलवारों की आवृत्ति हो गई। वहां भी शूद्र और नारी, यहां भी शूद्र

और नारी। इस प्रकार शूद्र और नारी आंडाल को लेकर जो भावनात्मक साधना दक्षिण भारत में प्रवर्तित हुई, वह शास्त्रीय विचारधारा के सहारे उत्तर भारत की स्थितियों में यहां भी शूद्र और नारी को अपनी परिधि में ग्रहण करती हुई भारतीय इतिहास के सर्वाधिक व्यापक और दूरगामी आंदोलन में पर्यवसित हुई।

रैदास रामानन्द के शिष्य थे। रैदास की शिष्या मीराबाई कही जाती हैं। रैदास चमार थे। मीराबाई सिसोदिया वंशी उदयपुर के इतिहास प्रसिद्ध राणा सांगा की पुत्रवधू थीं।

भक्ति आंदोलन देश और काल में दीर्घकाल तक व्याप्त आंदोलन था। अभी भी भारतीय मानस पर इसका बहुत गहरा प्रभाव है। यह आंदोलन देश-काल की सीमाओं में यानी ऐतिहासिक दृष्टि से अत्यंत उदार एवं मानवीय था। जो संकीर्णताएं और क्षुद्रताएं आज भी हमारी सामाजिक विषमता का कारण हैं, उनसे संत-साधक दूर थे। ये साधना सदाचार पर बहुत जोर देते थे। भक्ति-बोध, अनुभूति और सदाचार का सम्मिलित नाम है। आज देखें, तो इनका विश्वबोध या ।की विचारधारा पिछड़ी मालूम पड़ती है। लेकिन मात्र विचारधारा कोई सामाजिक मूल्य नहीं बन सकती। सामाजिक मूल्य बनता है विचारधारा का आचरण। आचरण अनुकूल न हो तो समाज भिन्न अर्थ ग्रहण करता है।

विचारधारा या दर्शन की दृष्टि से भक्त आज गतकालिक लगते हों किंतु आचरणगत दृढ़ता या कथनी-करनी की एकता की दृष्टि से भी वे पीछे हैं यह मानना मुश्किल है। हमारा आशय यह नहीं कि आधुनिक भारत ने दृढ़ सदाचारी नहीं उत्पन्न किए, तिलक और गांधी के होते ऐसा कहने का दुस्साहस कौन कर सकता है? लेकिन खुद तिलक और गांधी संतों की परंपरा में ज्ञात होते हैं। ऐसा क्यों? ऐसा इसलिए क्योंकि आज भी संतों का सदाचार हमें बहुत संदर्भवान लगता है। भक्तों का आचार कैसा था? वे भक्ति को जीवन-आचरण में कैसे उतारते थे?

'भक्तमाल' में अनेक भक्तों के जीवनवृत्त संकलित हैं। संकलनकार नाभादास स्वयं प्रसिद्ध रामभक्त थे, कवि थे। उन्होंने एक भक्त पर प्रायः एक छप्पय लिखा है। नाभादास के बारे में प्रसिद्ध है कि वे डोम थे। डोम बहुत नीची समझी जानेवाली जाति है। नाभादास ने जिस प्रकार इन जीवनवृत्तों को प्रस्तुत किया है, वह भी प्रकट कर सकता है कि वे सवर्ण तो नहीं ही थे। नाभादास का उद्देश्य प्रसिद्ध भक्तों के जीवन के विषय में ज्ञातव्य बातों को प्रचारित करना था, जिससे सुननेवालों के हृदय में भक्तिभावना उदित हो। नाभादास तुलसीदास के समकालीन और परंपराप्राप्त अनुश्रुति के अनुसार प्रशंसक मित्र थे। यह पुस्तक बहुत लोकप्रिय हुई। इसकी कई टीकाएं लिखी गईं। संवत् 1769 वि. में प्रियादास ने इसकी टीका वार्तिक लिखी। वार्तिक में 'भक्तमाल' के छप्पयों में उल्लिखित घटनाओं की छंदोबद्ध व्याख्या की गई है।

'भक्तमाल' और वार्तिक में भक्तों के विषय में जो घटनाएं वर्णित हैं वे अनुश्रुतियों पर आधारित हैं। अनेक घटनाएं अस्वाभाविक भी हैं। किन्तु इससे यह पता तो निश्चित रूप से चलता ही है कि इस देश के लोगों के मन में संतों के आचरण के विषय में क्या धारणा थी। 'भक्तमाल' की घटनाएं एकदम से अनैतिहासिक और किंवदंती नहीं घोषित की जा सकतीं। इनमें से अधिकांश घटनाएं इतिहास की कसौटी पर ठीक उतरेंगी। किन्तु इनके वर्णन पर मध्यकालीन आस्थाओं-विश्वासों का रंग अवश्य है। इस वर्णनशैली को शिल्पगत विशेषता समझकर या वर्णनप्रणाली का विचार करके देखा जाए तो उनका महत्त्व स्पष्ट हो जाएगा। फिर 'भक्तमाल' की सारी घटनाओं को कपोलकल्पित मान लें तो भी यह पता तो चलता ही है कि 17वीं शती में संतों के आचरण का आदर्श क्या माना जाता था? इस आदर्श में हिन्दू-मुस्लिम, वर्णव्यवस्था, नारीपराधीनता, छुआछूत को किस नजर से देखा जाता था?

इन भक्तों में अवर्ण भक्तों की संख्या काफी है। उन सबका वृत्तांत यहां उद्धृत नहीं किया जा सकता। कतिपय प्रसिद्ध संतों की वार्ताओं के ऐसे अंशों का उल्लेख किया जा रहा है जिनसे भक्ति आंदोलन के वर्णव्यवस्था संबंधी रुख पर प्रकाश पड़ता है। इन संतों के मां-बाप के विषय में, नारियों के विषय में उनके विचारों का भी पता बीच-बीच में चल जाता है।

नामदेव : नामदेव छीपा जाति के थे, बादशाह सिकंदर लोदी के समकालीन थे। छीपा शायद रंगरेज को कहते हों। शुक्लजी ने इन्हें दर्जी कहा है। इनके नाना वामदेवजी भक्त थे। उनकी विधवा पुत्री से ये उत्पन्न हुए। कथा यों दी है :

> पण्डुरपुर में जाति के छीपा श्री वामदेवजी परम भक्त हुए। इनकी कन्या थोड़ी ही अवस्था में विधवा हो गई। जब उसकी अवस्था बारह वर्ष की हुई तब उसके पिता श्री वामदेवजी (श्री नामदेवजी के नाना) ने कहा कि 'श्री पण्डुरनाथ (श्री विट्ठलदेव) जी कि जो मेरे गृह में विराजमान हैं, इनकी सेवा-पूजा सावधान मन लगा के भली भांति से किया कर तेरे जितने मनोरथ हैं उन सबके पूरे करनेवाले ये ही प्रभु हैं।' इस प्रकार पिता का उपदेश सुन वह बड़भागिन सप्रेम सेवाटहल दिन-रात करने लगी। उस पर शीघ्र ही प्रसन्न हो प्रियतम प्रभु ने अति अनूप किशोर रूप से साक्षात् दर्शन दिया, जिन्हें देख उसको कामवासना हुई। सर्व कामपरक प्रभु ने उसकी कामना पूर्ण की, यहां तक कि वह गर्भवती हो गई।[51]
>
> छीपा कामदेव हरिदेव जी को भक्त बड़ो ताकी एक बेटी पतिहीन भई जानिए
> द्वादश बरस मांझ भयो तन कही पिता सेवा सावधान मन नीके करि जानिए
> तेरे जो मनोरथ हैं पूरन करन येई जो पै दत्तचित्त ह्वै के मेरी बात मानिए
> करत टहल प्रभु वेगि ही प्रसन्न भए, कीनी कामवासना सु पोखी उन मानिए
>
> **(वार्तिक प्रकाश, 127)**

कालांतर में विधवा के गर्भ की बात जहां-तहां चली। दुष्टशिरोमणियों की बन आई। वामदेवजी के कानों में बात पड़ी तो कन्या से पूछा। कन्या ने सब बता दिया। बालक उत्पन्न हुआ, नामदेव नाम रखा गया :

विधवा को गर्भ, ताकी बात चली ठौर-ठौर,
दुष्ट सिरमौरनि की भई मन भाइए,
चलत चलत वामदेव जू के कान परी,
करी निरधार प्रभु आप अपनाइए
भए जू प्रगट बाल नाम नामदेव धरयो...आदि **(वही, 128)**

अर्थात् नामदेव विधवा की संतान थे। भगवान के पुत्र होने का मतलब क्या होता है—इसे बताने की जरूरत नहीं।

रैदास : रैदास चमार थे। नाभादास ने उनके विषय में लिखा :

सदाचार श्रुतिशास्त्र की अविरुद्ध उनकी वाणी है। उनके नीर-क्षीर के निर्णय को परमहंसों ने हृदय में धारण किया। राजसिंहासन पर बैठकर अपनी जाति का परिचय दिया। लोग वर्णाश्रम का अभिमान तजकर जिनके पदरज की वंदना करते थे उन रैदास की वाणी विमल और संदेह की ग्रंथि को खंडित करने में निपुण है :

सदाचार श्रुति शास्त्र वचन अविरुद्ध उचार्‌यो
नीर खीर बिवरन परम हंसनि उर धार्‌यो
राजसिंहासन बैठि ज्ञाति परतीति दिखाई
वर्णाश्रत अभिमान तजि पदरज बन्दहिं जासु की
सन्देह ग्रन्थि खण्डन निपुन बानी विमल रैदास की।

(भक्तमाल, 54)

रैदास चमड़ा मोल लाके जूता बनाकर बेचते थे। 'भक्तमाल' के अनुसार रैदास के पास कहीं से धन आ गया। उन्होंने मंदिर इत्यादि बनवाया। चमार ने मंदिर बनवाया, पूजा शुरू की तो ब्राह्मणों ने विरोध किया। ब्राह्मण लोगों ने राजा की सभा में जाके पुकारा। रैदास को गालियां दे-देकर कहने लगे, इसे मंदिर में पूजा करने का अधिकार नहीं :

प्रीति रस रास सौं रैदास हरि सेवत है, घर में दुराय लोक रंजनादि टारी है।
प्रेरि दिए ह्वै जाय, द्विजनि पुकारि करी, भरी सभा, नृप आगे मुख गारी है।

(भक्तमाल वार्तिक प्रकाशयुत, 265)

चित्तौरगढ़ की रानी झाली रैदास की शिष्या हुईं। यह देखकर ब्राह्मणों की आग लग गई। फिर वे लोग राजा के पास गए। कहते हैं कि रैदास के बुलाने पर ठाकुरजी सिहांसन पर बिराज गए। रानी झाली ने रैदास को चित्तौर बुलाया। ब्राह्मणों ने भंडारे में भोजन नहीं किया, क्योंकि उसी भंडारे में रैदास की पूड़ी-मिठाई बनी थी :

बसत चितौर मांझ रानी एकझाली नाम,
नाम बिनु कान खाली आनि शिष्य भई है।
संगहुते बिप्र सुनि छिप्रतन आगि लागी,
भागी मति नृप आगे भीर सब गई है। **(वही, 266)**

यानी रैदास चमार थे, उन्होंने चित्तौर की रानी को शिष्या बनाया, ब्राह्मणों ने उनका विरोध किया।

कबीर : कबीर के जन्म, माँ-बाप के विषय में नाभादास ने कुछ नहीं लिखा। लेकिन जो लिखा वह महत्त्वपूर्ण है—कबीर ने भक्ति विमुख धर्म को अधर्म कहा। भजन के बिना यज्ञ, व्रत, दान को तुच्छ बताया। रमैनी, शब्दी, साखी, हिन्दू-तुर्कों दोनों में प्रमाणित की। कबीर ने पक्षपात नहीं किया, सबके हित की बात कही। आरूढ़ दशा (परम प्रेमदशा) में स्थित थे, वह मुंहदेखी नहीं करते थे। कबीर ने वर्णाश्रम और छहों दर्शनों की इज्जत-आबरू नहीं रखी :

भक्ति बिमुख जो धर्म सो अधरम करि गायो
जोग जग्य व्रत दान भजन बिनु तुच्छ दिखायो।
हिन्दू तुरक प्रमान रमैनी शब्दी साखी
पक्षपात नहिं बचन सबहि के हित की भाखी।
आरूढ़ दशा ह्वै जगत पर मुख देखी नाहीं मनी
कबीर कानि राखी नहीं वर्णाश्रम षट दरशनी। **(भक्तमाल, 60)**

कबीर ने रामानन्द को अपना गुरु बनाया, बताते हैं। 'भक्तमाल' में वर्णित है कि कबीर ताना-बाना बुनकर जो पाते थे उसे असहायों में बांट देते थे। खाने-पीने की तकलीफ उन्हें शायद नहीं थी। बल्कि 'भक्तमाल' से पता चलता है कि भगवत्कृपा से उन्हें कहीं कुछ प्राप्त हो गया था। रैदास के विषय में भी ऐसा ही प्रसंग है। यह महत्त्वपूर्ण संकेत है। इससे पता चलता है कि इनको व्यवसाय से खाने-पीने भर को या कुछ ज्यादा भी मिल जाता था। सो कबीर के दान की बात ब्राह्मणों में फैली तो बिगड़े : रे जुलाहे तू धन शूद्रों में बांट देता है, हमें क्यों नहीं बुलाता ?

दियो छोड़ि तानौ-बानों, सुख सरसानौं हिए,
किए रोस धाए सुनि बिप्र तजि धीर को।
क्यों रे तूं जुलाहे, धन पाए न बुलाए हमैं,
शूद्रनि को दियो जावो कहैं यों कबीर को।

(वार्तिक प्रकाश, 272)

कबीर ने कहा : 'क्यों जी ! मैं कहीं चोरी करता हूँ ?' ब्राह्मणों ने कहा : 'तुमने शूद्रों का मान किया, इसी में हमारा अपमान हो गया।' कबीर चतुर थे, मौका देखकर खिसक गए :

क्यों जू उठि जाऊं कछु चोरी धन ल्याऊं,
नित हरि गुन गाऊं कोऊ राह मैं न मारी है।
उनको लै मान कियो, याहि मैं अमान भयो,
दयो जौपै जाय हमें तो ही तौ जियारी है।
घर में तौ नाहीं मंडी जाहीं तुम रहौ बैठे, नीठि कै छुटायो
पैंडो छिपे व्याधि टारी है। **(वही, 273)**

कबीर के विषय में एक विचित्र वार्ता यह मिलती है कि अपनी लोकप्रियता बढ़ती देखकर उन्होंने एक ऐसा काम किया जिससे लोग उन्हें सम्मान करना बन्द कर दें। एक वेश्या के साथ ऐसे घूमने लगे मानो उसके रंग में रंगे हों :

वारमुखी लई संग मानौ वाही रंग रंगे,
जानौ यह बात करी डर अति भीर कै। **(वही, 274)**

कबीर का यह कार्य देखकर निंदक खलगण बहुत प्रसन्न हुए कि कबीर का अपयश हुआ। संत लोग डरे।

कबीर का प्रभाव घटा नहीं, उल्टा बढ़ता गया। ब्राह्मणों के हृदय में पुनः मत्सर उत्पन्न हुआ और वे सिकंदर लोदी के पास गए। कबीर की मां भी ब्राह्मणों के साथ हो लीं। इस बार काजी ने कबीर से कहा : 'बादशाह को सलाम करो।' कबीर ने कहा : 'मैं सिर्फ राम को जानता हूं, दूसरे को सलाम करना हराम समझता हूं':

देखि कै प्रभाव फेरि उपज्यो अभाव
द्विज आयो पातसाह सों सिकंदर सुनाव है।
विमुख समूह संग, माता हूं मिलाय लई,
जाय कै पुकारे जू दुखायो सब गांव है।
ल्यावो रे पकर, वाको देखौं मैं मकर कैसो,
अकर मिटाऊं गाढ़े जकर तनाव है।
आनि ठाढ़े किए 'काजी' कहते सलाम करो,
जानैं न सलाम जानैं राम गाढ़े पांव है।
कही काजी पाजी सुनो ये महामिजाजी करौ
सिर को झुकाय बादशाह को सलाम है।
जनौं न सलाम कहौं सांची में कलाम
बात दूसरी हराम जानौं एक राम है। **(वही, 277)**

सिकंदर लोदी ने कबीर को यातना दी।

कबीर का प्रभाव ऐसा था कि ब्राह्मण भी उनके शिष्य हुए। इस कारण अन्य ब्राह्मण उनके ब्राह्मण शिष्यों को कष्ट देते थे। कष्ट भी ऐसा कि प्रहार मार्मिक करते थे

यानी उनकी बेटियों की शादी रुकवा देते थे। तत्वाजी और जीवाजी ये दो ब्राह्मण कबीर के शिष्य हुए। कबीर तो उन्हें शिष्य बनाकर काशी चले आए। बाद में ग्राम देश के ब्राह्मणों ने कहा, कबीर की जात तो जानते हो न। तत्वा-जीवा का ब्राह्मणत्व नष्ट हुआ। ब्राह्मणों ने दोनों को जाति से अलग कर दिया। इनकी कन्या का किसी ने भी विवाह न किया। दोनों भाई काशी पहुंचे कबीर के पास। कबीर ने जो समाधान किया, वह किसी और के बस का नहीं था—वह समाधान कबीर ही कर सकते थे—तुम्हारे दोनों भाइयों के एक-एक कन्या, एक-एक पुत्र है, सो आपस में विवाह कर दो, इसमें कोई बुराई नहीं है।

काना-कानी भई, द्विज जानी जाति गई,
पांति न्यारी करि दई, कोऊ बेटी नहि लेत हैं,
चल्यो एक काशी जहाँ बसत कबीर धीर,
जाय कही पीर, जब पूछ्यो कौन हेत है,
दोऊ तुम भाई करौ आपु में सगाई,
होय भक्ति सरसाई, न धराई चित चेत है
आय बहै करी, परी ज्ञाति खरभरी,
कहैं कहा उर धरी, कछु मति हू अचेत है। **(वही, 313)**

नरसी मेहता : नरसी मेहता की दो कन्याएं थीं। एक का नाम कुंवरसेना, दूसरी का नाम रतनसेना था। बड़ी कन्या अपने पति को तज कर पितागृह में रहती थी और दूसरी ने विवाह ही नहीं किया।

जूनागढ़ से दो गायिकाएं आईं। वे सामान्य (निम्न) जाति की थीं। वे केश मुंड़ा कर नरसी के पास ही रह गईं। श्री नरसी की दोनों कन्याएं और वे दोनों गानेवालियां गा-बजा कर नाना प्रकार के भाव बताते हुए भगवान के सामने नाचतीं। सालंग ब्राह्मण नरसी के मामा थे। वे जूनागढ़ राजा के मंत्री भी थे। सालंग ने राजा से कहा : 'नरसी विपरीत आचरण कर रहा है।' राजा ने उन्हें सभा में बुलाया। नरसी चारों महिलाओं के साथ गाते-बजाते-नाचते राजसभा में पहुंचे। राजा ने पूछा : 'यह कौन-सी रीति है कि तुम स्त्रियों को अपने पास रखते हो?' नरसी बोले : 'तुम भक्ति की गंध से भी दूर हो। पोथी पढ़े हो लेकिन बुद्धि पर धूल पड़ी है।' शुकदेव ने मथुरावासी भङ्ग (पति का साथ छोड़नेवाली) स्त्रियों की प्रशंसा की है या नहीं?

मिली उभै सुता, रंग झिलीं संग गायन वै
चायनि सों नृत्य करैं भायनि बतायकै।
सालंग है नाम मामा मंडलीक मंत्री रहै,
कहै बिपरीत बड़ी, राजा सों सुनायकै।
बड़े-बड़े दंडी और पंडित समाज कियो,
करौ वाकी मंडी देस दीजिए छुटायकै।

आए चार चोबदार चलो जू विचार कीजै
भयो दरबार हमैं दिए हैं पठायकै ।
चारों तुम जाओ हरि, भयो हमैं राजा डर,
'सकै कहा करि' अजू चलैं संग संग ही ।
नाचत बचावत ये चलीं ढिग गावत
सुभावत मगन जानी भीजि गई रंग ही ।
आए वाही भांति, सभा प्रभाहत भई,
तऊ बोले कहा रीति यह जुवती प्रसंग ही ।
कहीं भक्ति गंध दूरि पढ़े पोथी परी धूरि
श्रीशुक सराही तिया माथुरनि भङ्ग ही ।

'भक्तमाल' के उल्लेखों से भक्ति आंदोलन के विषय में मुख्य रूप से तीन बातें स्पष्ट हो जाती हैं। पहली बात यह कि भक्ति आंदोलन में अवर्ण एवं तथाकथित निम्न जातियों का बहुत बड़ा योगदान था। दक्षिण में आलवारों की परंपरा उत्तरी भारत में क्षीण नहीं हुई बल्कि उसका विकास हुआ। 'भक्तमाल' ही नहीं, 'चौरासी वैष्णवन की वार्ता' और 'दो सौ वैष्णवन की वार्ता' से भी इसकी पुष्टि होती है। वैष्णवन की वार्ताओं में अनेक वैष्णव अवर्ण हैं। इनमें से कुछ के शीर्षकों का उल्लेख मात्र किया जा रहा है : 'यादवेन्द्र दास कुम्हार की वार्ता', 'विष्णुदास छीपी की वार्ता', 'सूतार कारीगर की वार्ता', 'नरहरदास गोड़िया की वार्ता', 'अलीखान पठान की वार्ता', 'पाथो गुजरी की वार्ता', 'गोपीनाथ दास ग्वाल की वार्ता', 'कुनबी पटेल की वार्ता', 'एक वेश्या की बेटी की वार्ता', 'एक कूंजरी (कुंजड़िन) की वार्ता', 'एक कुनबी वैष्णव की वार्ता', 'एक चोर वैष्णव की वार्ता', 'एक डोकरी की वार्ता', 'एक वेश्या की वार्ता', 'एक धोबी की वार्ता', 'एक चूहड़ो (भंगी) की वार्ता', 'पठाण के बेटा की वार्ता', 'एक नाऊ वैष्णव की वार्ता', 'एक चूहड़ो जिनने पंडितन कुं पाछो फैर्‌यो', 'सावक (जुलाहा) की बेटी की वार्ता', 'धोवी कलावत की वार्ता', 'पारधी (बहेलिया) की वार्ता', 'एक लोहार की वार्ता', 'रसखान पठान की वार्ता' आदि।

इन लोगों को वैष्णव भक्त का आदर्श मानकर वार्ताओं में स्थान दिया गया है। इनमें कुनबी, कुंजड़ा, लोहार, धोबी, नाऊ, भंगी, वेश्या, मुसलमान सब शामिल हैं।

दूसरी ध्यातव्य बात जो 'भक्तमाल' की टीका 'वार्तिक प्रकाश' में प्रायः वर्णित मिलती है। इनका विरोध ब्राह्मणों ने किया। 'भई द्विज सभा', प्रायः आता है। ये ब्राह्मण समाज के रूढ़िग्रस्त तबके का प्रतिनिधित्व करते हैं। जातिप्रथा स्थिर समाज में फलती-फूलती है। जहां कहीं भी कुछ विचलन दिखलाई पड़ता है जातिप्रथा के ठेकेदार विरोध करने लगते हैं। लेकिन यह बात सभी ब्राह्मणों पर नहीं लागू की जा सकती। रामानुजाचार्य, रामानंद ब्राह्मण ही थे। तत्वा-जीवा भी ब्राह्मण थे जो कबीर के शिष्य हो गए थे, जिनके रोटी-बेटी ब्राह्मणों ने बंद कर दी थी। रूढ़िग्रस्त ब्राह्मण ब्राह्मणभक्तों का

भी विरोध कम तीव्रता से नहीं करते थे। तुलसीदास स्वयं वर्णव्यवस्था के समर्थक थे। किन्तु उन्हें भी ब्राह्मणों का कोपभाजन बनना पड़ा था :

एक समय एक ब्राह्मण हत्या करके आया। वह दीन स्वर से रामनाम पुकारता था और कहता था, भिक्षा दीजिए। तुलसीदास ने कहा—जब तुमने राम का नाम ले लिया तो पवित्र हो गए। आओ हमारे साथ बैठकर भोजन करो। तुलसी ने उस हत्यारे के साथ भोजन किया। ब्राह्मणों ने सुना तो सभा की। गोस्वामीजी को बुलाकर पूछा—बिना प्रायश्चित्त के हत्यारे का पाप कैसे छूटा ? पंक्ति से अलग किए हुए को बिठाकर आपने भोजन किया, यह अनुचित किया। तुलसी ने कहा—तुम शास्त्र पढ़ते हो लेकिन तुम्हारा मत कच्चा है। हृदय से अंधकार दूर नहीं होता :

हत्या कर बिप्र एक तीरथ करन आयो,
कहै मुख राम भिक्षा डारिए हत्यारे कों।
सुनि अभिराम नाम थाम मैं बुलाय लियो
दियो ले प्रसाद कियो शुद्ध गायो प्यारे कों।
भई द्विजसभा कहि बोलिकै पठाए आप
कैसे गयो पाप संग लैके जेंवै न्यारे कों।
पोथी तुम बांचो, हिए सार नहीं सांचो,
अजू ताते मत कांचो दूर करै कंध्यारे तों। **(वही, 511)**

इन वार्ताओं, उल्लेखों से प्रकट होता है कि वैष्णव भक्त जाति-पांति की उपेक्षा केवल सिद्धांत या प्रवचन में ही नहीं करते थे, इसे वे अपने जीवन में भी उतारते थे। इसीलिए उन्हें समाज के रूढ़िग्रस्त तबके का कोपभाजन बनना पड़ता था।

तीसरी बात यह प्रकट होती है कि अवर्णों की ही भांति इस आंदोलन में नारी-समाज ने भी महत्त्वपूर्ण योगदान किया था। भारत में यह पहला धार्मिक आंदोलन था जिसमें गृहस्थ नारियों ने इतना बड़ा हिस्सा लिया। इसमें हिस्सा लेने से भी समाज के रूढ़िग्रस्त लोग विरोध करते थे।

भक्ति आंदोलन के अनेक प्रसिद्ध महात्माओं ने अपने देश-काल को देखते हुए नारीविषयक उदार रुख अपनाया। भक्ति आंदोलन नारी को घर छोड़कर बाहर आने की भी प्रेरणा देता था। घर, जो नारी-पराधीनता का मध्यकाल में प्रतीक बन गया था और आज भी बहुत दूर तक बना हुआ है। नामदेव, कबीर जैसे संतों का जन्म ही असामान्य स्थितियों में हुआ था। समाज ने इन सब बातों या प्रवादों के बावजूद उन्हें इतना सम्माननीय कैसे माना—यह चमार या भंगी को संत मानने से कम आश्चर्यजनक नहीं, वह भी मध्यकाल में। निश्चय ही भक्ति आंदोलन अवर्ण जातियों को भावना के धरातल पर समान लाने की ही तरह नारी को एक सीमा तक घर की चारदीवारी से बाहर निकलने का निमंत्रण देता था। धर्म के ही नाम पर सही, वह नारी को भी पुरुष का सहभागी

बनाकर इस क्षेत्र में उतारता था। उसे शारीरिक विलास का ही साधन नहीं मानता था। भक्ति आंदोलन में नारियों का योगदान कितना व्यापक था, यह इस तथ्य से भी प्रकट होता है कि हिंदी साहित्य के चारों कालों में, संभवतः आधुनिक काल को छोड़कर, भक्तिकाल में कवयित्रियों की संख्या सबसे ज्यादा है। प्रो. सावित्री सिन्हा ने इस विषय पर शोधप्रबंध ही लिखा है : 'मध्यकालीन हिन्दी कवयित्रियां'। रामानंद ने सुरसुरानंद के साथ उनकी पत्नी को भी शिष्या बनाया। 'भक्तमाल' के एक छप्पय में 'कलियुग युवतीजन भक्त' की सूची दी गई है। इसमें सीता सहचरी, झाली, सुमति, शोभा, भटियानी, गंगा, गौरी, उबीठा, गोपाली, गनेशदेई, मानमती, सत्यभामा, यमुना, कोली, रामा, मृगा, जुगजेबा, कीकी, कमला, देवकी, हीरा, हरिचेरी का उल्लेख है :

सीता, झाली, सुमति, शोभा, प्रभुता, उमा भटियानी
गंगा गौरी कुंवरि उबीठा, गोपाली, गणेश दे रानी
कला, लखा, कृतगढ़ौ, मानमती, शुचि सतिभामा
यमुना, कोली, रामा, मृगा, देवा, दे भक्तन विश्रामा
जुगजेवा, कीकी, कमला, देवकी, हीरा, हरिचेरी पोषे भगत
कलियुग युवती जन भक्त राज महिमा सब जानै जगत।

(भक्तमाल, 104)

यह सूची कितनी अपूर्ण है, इसका पता इसी बात से लग सकता है कि इसमें मीरा, कर्मा, सहजो जैसी प्रसिद्ध भक्त कवयित्रियों का ही नाम नहीं। यह अपूर्ण सूची भी केवल हिंदी क्षेत्र से ही संबंधित है।

'भक्तमाल' के उल्लेखों और वैष्णवन की वार्ताओं को देखने से लगता है कि इस आंदोलन में सामान्य नारियां ही नहीं, वे नारियां भी शामिल हुई थीं जिन्हें हेय दृष्टि से देखा जाता है। इसमें से अनेक वेश्याएं थीं। नरसी मेहता की लड़कियों के साथ दो गानेवालियां रहती थीं। नामदेव बालविधवा की संतान थे। कबीर के विषय में भी कुछ ऐसा ही कहा जाता है। इससे यह ज्ञात हो जाता है कि भक्ति आंदोलन नारी को शरीर मात्र नहीं, मन और हृदय से युक्त मनुष्य के रूप में देखता था। सदाचार पर जितना बल भक्तों ने दिया है उतना कुछ ही धार्मिकों ने दिया होगा। जो सदाचार की महिमा जानता है, वह मन की चंचलता की शक्ति भी जानता है। जो बड़ा होता है वही क्षमा कर सकता है। भगवान यदि पतितों का उद्धार करनेवाले हैं, यदि वे पुरुष को शरण में ले सकते हैं तो क्या नारी का उद्धार नहीं करेंगे? क्या भगवान की भी निगाह में पुरुष और स्त्री का भेद बरकरार है? भक्ति आंदोलन इसका उत्तर 'नहीं' में देता था।

नारी और शूद्र दोनों मनुष्य ही होते हैं, नारियां पुरुषों से और अवर्ण सवर्णों से हीन नहीं होते। सामाजिक व्यवस्था ने उन्हें हीन बना रखा है। वे दोनों दलित और शोषित थे सामंती व्यवस्था में। हमारे यहां धर्मग्रंथों में नारी और शूद्र का सह उल्लेख बहुत मिलता

है। इससे पता चलता है कि वे समाज के सर्वाधिक दलित-शोषित अंग थे। वस्तुतः तुलसीदास ने जब 'ढोल गंवार शूद्र पशु नारी' लिखा तब वे धर्मग्रंथों के इन सह उल्लेखों की परंपरा की पुनरुक्ति कर रहे थे।

भक्ति आंदोलन धार्मिक आंदोलन था। लेकिन इसके प्रवर्तन और प्रचार में अवर्णों की भूमिका प्रधान थी। ऐतिहासिक तथ्यों को एकत्र करने से इस अनुमान को आधार मिल जाता है कि इस आंदोलन के प्रवर्तन के पीछे राजनीतिक-आर्थिक कारणों से वर्ण-व्यवस्था का ढीला पड़ना है। अवर्णों में ऐसा भी वर्ग था जो आर्थिक दृष्टि से उतना विपन्न नहीं था—चाहे वे वर्णव्यवस्था में नव दीक्षित पहले की खेतिहर आदिम जातियां रही हों, चाहे वयनजीवी कारीगर। इस आंदोलन में सवर्ण जातियों का विशेष रूप से रामानुजाचार्य एवं रामानंद जैसे उदार ब्राह्मण आचार्यों का निर्णायक योगदान था जिन्होंने इसे सामाजिक एवं शास्त्रीय गरिमा प्रदान की। इस आंदोलन ने बहुत बड़ी तादाद में अवर्णों एवं नारियों को जाति-पांति और घर की चारदीवारी की कुंठा को तोड़कर भगवान की उपासना करने की प्रेरणा दी। मीराबाई उन्हीं में से एक, किंतु उत्तर भारत की सर्वाधिक प्रसिद्ध 'युवतीजन भक्त' थीं।

नामदेव, कबीर, रैदास, नरसी, तुलसी को भक्ति के अनुसार आचरण करने पर सामंती व्यवस्था के ठेकेदारों से टकराना पड़ा था, मीरा को भी। लेकिन मीरा नारी थीं। इसलिए इनके संघर्ष का रूप और भी विषम था।

यदि भक्ति आंदोलन भावनात्मक धरातल पर जाति-पांति और नारी-पराधीनता का विरोधी था तो भक्तकवियों की रचनाओं में नारीनिंदा क्यों मिलती है? तुलसी के यहां नारीनिंदा समझ में आ सकती है क्योंकि वह वर्णव्यवस्था के समर्थक थे। लेकिन कबीर तो जातिव्यवस्था के विरोधी थे। उनके यहां नारीनिंदा क्यों मिलती है? रूपाजी और तत्वाजी की बेटियों की शादी की अभूतपूर्व व्यवस्था देनेवाले कबीर 'नारी की छाया परत आंधर होत भुजंग' कैसे लिखते हैं? इस पर विचार करना प्रासंगिक और अनिवार्य है।

भक्तकवि साधक थे। वे सदाचार पर अधिक बल देते थे। कबीर, तुलसी, सूर, रैदास, मीरा आदि में परस्पर समानता-असमानता हो सकती है और है; किंतु सदाचार-संयम के विषय में वे एक हैं। इंद्रियलोलुपता के विरुद्ध वे सभी एक हैं। छद्म आधुनिकों में से अनेक तो इनको इसीलिए शुष्क एवं अपठनीय पाते हैं। भक्तों को ही नहीं, महावीर प्रसाद द्विवेदी, रामचंद्र शुक्ल, प्रेमचन्द को भी ये नैतिकता का दुराग्रही कहते-समझते हैं। इस बात को ठीक से समझ लेना चाहिए कि नाथ-सिद्धों की साधना शरीर और मन की साधना थी। भक्तों की साधना हृदय की साधना थी। और हृदय की साधना शरीर एवं मन की साधना का अगला कदम है। शरीर और मन को निर्मल किए बिना हृदय को निर्मल नहीं किया जा सकता। जो लोग भावना की यानी हृदय की साधना के नाम पर असंयम की छूट उचित समझते हैं वे या तो भ्रमित हैं या ढोंगी। कुछ लोग

नहीं समझ पाते कि प्रेम शारीरिकता पर आधारित लेकिन उससे ऊपर अनन्यता की स्थिति का नाम है। अनन्यता सामाजिक संबंधों का निर्धारण करती है। यहां सभी नारियां और पुरुष समान नहीं। सबसे रिश्ते हैं यानी सबसे अलग संबंध हैं। कोई बहन है, कोई बेटी, कोई भाभी, कोई मां, कोई भतीजी, कोई शिष्या और कोई पत्नी। संबंधों का कुल योग ही सामाजिकता है। यह मानवीय समाज की यानी मानवीय विशेषता है यानी मानवसमाज में ही है, शेष प्राणियों, पशु-पक्षियों, सरीसृपों में नहीं।

एंगेल्स ने 'परिवार, व्यक्तिगत संपत्ति और राज्य की उत्पत्ति' नामक अपनी विश्वप्रसिद्ध पुस्तक में लिखा कि बनमानुसों के जीवन और मनुष्यसमाज में सबसे महत्त्वपूर्ण अंतर यह उत्पन्न हुआ कि मनुष्य में पारस्परिक सहिष्णुता की भावना पैदा हो सकी, वह अपने को ईर्ष्या से मुक्त कर सका। इसके बगैर विशाल समाज चल ही नहीं सकता। सहिष्णुता और ईर्ष्यारहितता के बिना मनुष्य बनमानुस से अलग नहीं हो सकता था। धन के कई रूप हुए—गो, स्त्री, पृथ्वी आदि। किसी का धन न हड़पो का मतलब यह नहीं कि कोई आदमी जरूरत से ज्यादा धन एकत्र कर ले तो उसका भी न हड़पो। जो इस नियम का पालन नहीं करता उसके साथ इसका पालन न करना अनुचित नहीं होगा।

सामंती नैतिकता नारी और भूमि को एक दृष्टि से देखती थी। वहां 'माता भूमिः पुत्रोऽहं पृथिव्याः' का सिद्धांत 'वीरभोग्या वसुंधरा' में बदल गया। सामंत का राज्य बहुत बड़ा उसकी सेना बहुत बड़ी तो उसका अंतःपुर भी बहुत बड़ा। भूमि दान की जाती है तो स्त्री भी दान की जाती है, जुए में गांव, भूमि, पैसा दांव पर लगाया जाता है तो स्त्री भी। सामंती व्यवस्था में नारी का रूप बहुत कुछ ऐसा है जो धन का पर्याय है। नगर-वर्णन में वेश्यावर्णन जरूर होता है—यानी नगरों में वेश्याहाट जरूर होता था। जितना बड़ा नगर उतना प्रभावशाली वेश्याहाट। शासक सामंत, सैनिक मरें तो स्वर्ग में भी अप्सराएं उनके स्वागत की तैयारी करने लगती थीं। इस विषय में हिंदू-मुसलमान शासकों की नैतिकता समान थी। आखिरकार महमूद गजनवी, मुहम्मद गौरी भी तो धर्मयुद्ध के ही लिए सैनिक लाते थे। वे भी लड़ाई में मरें तो जन्नत में हूरें मिलें। विदेशी आक्रामक भी मंदिरों को ध्वस्त करके पुण्य कमाने के नाम पर ही धन कमाते थे। मंदिरों को तोड़कर धन भी मिला और कुफ्र के विनाश का पुण्य भी। सतीप्रथा का रिवाज सवर्णों में ही था, शूद्रों में नहीं। वहां औरतें बैठकर खाना नहीं खाती थीं। वे मेहनत करके घर में दाने भी लाती थीं। वे आर्थिक दृष्टि से उपयोगी थीं, अपने परिवार के लिए। इसलिए उन्हें जलने की जरूरत नहीं थी। यह 'पुण्य' और 'इज्जत' उन्हें नहीं मिलते थे। सवर्णों में भी सतीप्रथा सबसे ज्यादा प्रचलित शासक परिवारों में थी। शासक के मरने पर केवल पत्नियां या रखैलें ही नहीं सती होती थीं, नौकर-चाकर भी जलते थे। परलोक में राजा को पान कौन खिलाएगा, हजामत कौन बनाएगा, कपड़े कौन धोएगा? खाना कौन खिलाएगा? ब्राह्मण देवता भंडारी थे, उन्हें भी जलना चाहिए। लेकिन वे बच जाते थे। मृगावती के नायक की मृत्यु

हुई तो उसकी दोनों विवाहिता पत्नियां—मृगावती और रूपमिनी सती हो गईं। चौरासी रानियां और भी थीं। वे भी निराश्रित होकर परलोक गईं। अलग चिता जलाकर 'बारी' जले, उसी चिता पर 'नाऊ' भी जले, पान खिलानेवाले 'थावाइत' जले, पानी पिलाने वाले जले, कपड़ा संवार कर देनेवाले जले, धोबी जले; इनकी नारियां नहीं जलीं। जेवनार करानेवाले जले, सिर्फ रसोइए ब्राह्मण नहीं जले। आधा नगर ही जलकर श्मशान हो गया:

रूपमिनि फुनि वैसेहिं मरि गई। कुलवंती सत सेउं सती भई।

राजा संग रानी चौरासी। ते सब गवनी वैरे निरासी।
मिरगावति औ रूपमिनि लै कै बरी कुंअर के संघात।
भसम भईं वै जरि कै चीन्ह रहा पै गात
छुटि बिधि कोइ रहइ न अकेला। करता केर चरित सब खेला।
बेगर सर रचि 'बारी' जरे। 'नाऊ' तहीं सर ऊपर बरे।
जरे 'थावाइत' पान खियावत। औ ते जरे जो पानी पियावत।
जरे जो कापर देत संवारी। 'धोबी' जरे छड़ी बर नारी।
औ ते जरे जो करत जेवनारा। एक न बांमन जरे सुआरा।
आधा नगर अधिक किछु निघटा जरि कै भा मसियान।

(मृगावती, माताप्रसाद गुप्त सं. 423,424)

मध्यकालीन सामंती व्यवस्था में नारी का संपत्ति या धन के रूप में भी उपयोग होता था। सामंती दृष्टि नारी का पूर्ण रूप नहीं देखती थी। वह नारी को शरीर ही समझती थी। वस्तुतः कबीर आदि संत जब नारीनिंदा करते हैं, तो उनका आशय नारी के सामंती रूप की निंदा करना होता है। नारी जो केवल रमणी है, शरीर है, मां नहीं, पुत्री नहीं, पतिव्रता नहीं। वह माया का रूप है। कबीर के यहां माया कनक और कामिनी के रूप में दिखलाई पड़ती है। कनक में क्या बुराई है ? कबीर स्वयं इतना धन तो अवश्य चाहते हैं कि न वह खुद भूखे रहें न उनके घर आया साधु भूखा जाए। लेकिन ज्यादा धन कैसे कमाया जाता है और उसका उपयोग कैसे किया जाता है, इससे कबीर परिचित थे। इसलिए 'कनक' माया का रूप बना। 'कामिनी' का कंचन से बहुत गहरा संबंध है। छायावादी कवि प्रसाद ने कंचन, कामिनी, कादंबिनी को एक श्रेणीबद्ध किया है। लेकिन वह इसे नारी का सहज रूप मानते हैं—यह समझना प्रसाद को न समझना होगा। यही बात कबीर आदि भक्तकवियों के बारे में भी लागू होती है। कबीरदास नारी के 'कामिनी' रूप की निंदा करते समय यह नहीं समझते थे कि नारी को 'कामिनी' बनाने का बहुत कुछ श्रेय 'कनक' को है। ऐसा समझते तो वह संभवतः 'कामिनी' की निंदा करने के बजाय उसे सहानुभूति देते। ऐसी संभावना का आधार कबीर की कविता ही है।

कबीर ने 'कामिनी' की निंदा की लेकिन सती को साधना का आदर्श माना। सती

जो पतिप्रेम में चिता पर बैठकर भस्म हो जाती है। इस अनन्यता और परम त्याग को वे संतसाधना का आदर्श मानते थे ?

डगमग छांडि दे मन बौरा।
अब तो जरे मरे बनि आवै लीन्हों हाथि सिंधौरा।

सती भी नारी होती है या नहीं ?

कबीर ने 'निहकर्मी पतिव्रता कौ अंग' लिखा है—ऐ, अनेक गुणोंवाले कंत ! तुझसे ही मेरी प्रीति है। किसी और से हंसूं-बोलूं तो दांतों में नील रंगाऊं। तू नयनों में आजा, मैं पलकें मूंद लूं। न मैं और किसी को देखूं न तुझे और किसी को देखने दूं। सौभाग्यवती के माथे पर सिंदूर की रेखा है। काजल नहीं दिया जाता (नहीं लगाया जाता, अनावश्यक है) नयनों में राम है, काजल की जगह कहां है :

कबीर प्रीतड़ी तौ तुझ सौं बहु गुणियाले कंत।
जे हंसि बौलां और सौं, तौ नील रंगाऊं दंत॥
नैनां अंतरि आव तूं, ज्यूं ही नैन झंपेऊ।
ना हौं देखौं और कूं ना तुझ देखन देउं॥
कबीर रेख स्यंदूर की काजल दिया न जाइ
नैनूं रमइया रमि रहा दूजा कहां समाइ।

(श्यामसुन्दर दास (सं.) : कबीर ग्रंथावली)

यह 'निहकर्मी' पतिव्रता नारी है जो कबीर की अनन्य भक्ति का आदर्श है। कबीर ने अपने को बालक कहा भगवान को मां—'हरि जननी मैं बालक तोरा।' अपने को 'राम की बहुरिया' कहा। यह सब कबीर के नारीनिंदक होने का प्रमाण नहीं देते। नारीनिंदा करते समय कबीर ने जो चित्र खींचे हैं वे प्रायः गलत किस्म की औरतों के हैं, जो माया का रूप हैं, जो साधक को साधनामार्ग से विचलित करती हैं, जिनमें अनन्यता नहीं है। यह बहुत बड़ी विडंबना होती यदि गृहस्थ होकर भी संत कहे जानेवाले कबीर नारी मात्र को निंदनीय मानते।

कबीर की ही तरह तुलसी भी नारीनिंदक कहे जाते हैं। तुलसी ने 'रामचरितमानस' में 'सहज अपावन नारि' लिखा, 'ढोल गंवार शूद्र पशु नारी' लिखा, नारियों में 'अवगुण आठ सदा उर रहई' लिखा।

तुलसी का 'रामचरितमानस' प्रबंधकाव्य है— इसलिए इन वक्तव्यों को देश-काल और पात्रों के संदर्भ में देखना चाहिए। तुलसीदास पूर्ववर्ती कवियों और उक्तियों का मजमून छीन लाने में लासानी हैं। हालांकि इससे उनकी जिम्मेदारी कम नहीं होती।

हिंदी ही नहीं संसार में ऐसे कम कवि होंगे जो नारी को तुलसी से ज्यादा समझते हों, जिन्हें नारीजीवन का उनसे ज्यादा परिचय हो। चित्रण करते समय नारी की निंदा करने

वाले तुलसी की करुणा नारी की असमर्थता की ओर सहज उन्मुख हो जाती है। जिन तुलसी ने 'ढोल गंवार शूद्र पशु नारी' लिखा, उन्हीं ने लिखा :

कत बिधि सृजी नारि जग माहीं। पराधीन सपनेहु सुख नाहीं॥

तुलसी नारीपराधीनता के कारणों को नहीं समझते रहे होंगे लेकिन उसकी पराधीनता को पहचानते और महसूस करते थे।

कबीर ने पतिप्रेम में सती हो जानेवाली को साधना का प्रेरक माना तो तुलसी ने सामाजिक आदर्श प्रस्तुत करते हुए लिखा—माता, पिता, भाई सभी हित करनेवाले हैं। लेकिन पति अमित दानी है। वह नारी अधम है जो पति की सेवा नहीं करती। धैर्य, धर्म, मित्र और नारी की परीक्षा आपत्तिकाल में होती है। वृद्ध, रोगी, जड़, धनहीन, अंधा, बहरा, क्रोधी, अतिदीन पति हो तो भी उसका अपमान करनेवाली पत्नी को यमपुर में नाना दुःख मिलते हैं।

मातु पिता भ्राता हितकारी। हितप्रद सब सुनु राजकुमारी।
अमित दानि भर्ता बयदेही। अधम सो नारि जो सेव न तेही।
वृद्ध रोगबस जड़ धन हीना। अंध बधिर क्रोधी अति दीना।
ऐसेहुं पति कर किए अपमाना। नारु पाव जमपुर दुःख नाना।

यह मध्यकालीन समाज का नारीविषयक आदर्श है। इस आदर्श के विषय में शंका करने का अधिकार किसी को नहीं। तुलसी से पूछा जाता कि वृद्ध, रोगी, अंधे, बहरे, क्रोधी, जड़ पति का अपमान पत्नी क्यों न करे? अपमान करने पर उसे यमपुर में दुःख क्यों भोगना पड़ेगा? पति को क्रोध करने का दंड क्यों नहीं मिलना चाहिए ? तो बाबा क्या उत्तर देते, हमें नहीं मालूम। संभवतः वह कहते—लोक-वेद की यही रीति है, यही उचित है। यह सिद्धांत, आदर्श की बात हुई।

लेकिन तुलसी से कहा जाता कि ऐसी आदर्श पतिव्रता के रूप में उन्होंने किसी नारी का चित्रण क्यों नहीं किया? क्या बुरा होता यदि 'रामचरितमानस' में आदर्श पतिव्रता के रूप में चित्रित करने के लिए तुलसी सीता को राम द्वारा कहीं अपमानित भी करवा देते। रामकथा में ऐसी संभावना थी। तुलसी ने तो परंपराप्राप्त रामकथा में से सीतानिर्वासन का अंश भी निकाल दिया।

तुलसी ने एक काम जरूर किया। उन्होंने सीता और राम का, विवाह के पूर्व, पुष्पवाटिका में मिलन करा दिया। क्या कन्या का विवाह के पूर्व अज्ञात युवक के प्रति आकृष्ट होना उचित है? राम को देखने के लिए सीता की उत्कंठा देखिए :

चकित बिलोकति सकल दिसि जनु सिसुमृगी सभीत॥

और राम? बात तो राम लक्ष्मण से कर रहे हैं लेकिन मन सीता के रूप में फंसा है—'करत बतकही अनुज सन मन सिय रूप लोभान।'

यानी तुलसी ने सीता-राम का प्रेमविवाह करा दिया। यह अंश तुलसी की नूतन प्रसंगोद्‌भावना है। कहते हैं 'कम्ब रामायण' में भी यह उद्‌भावना है। यदि तुलसी ने यह अंश वहां से लिया भी है तो भी यह मानना चाहिए कि यह प्रसंग उन्हें इतना अच्छा लगा कि अपनी कृति में शामिल कर लिया। यह अंश थोड़ा और विचारणीय है, हमारे काम का है।

पुष्पवाटिका में एक सखी फुलवारी में घूमने अलग निकल गई थी। उसने राम-लक्ष्मण को देखा। वे इतने सुंदर हैं कि उनका बयान नहीं किया जा सकता। यह सुनकर सभी सयानी सखियां प्रसन्न हुईं। विशेष रूप से यह जानकर कि सीता के हृदय में उन्हें देखने की उत्कंठा हो रही है :

सुनि हरषीं सब सखी सयानी। सिय हिय अति उत्कंठा जानी॥

सखी के वचन सुनकर सीता को बहुत अच्छा लगा। राम को देखने के लिए उनकी आंखें व्याकुल हो उठीं।

तासु बचन अति सियहि सोहाने। दरस लागि लोचन अकुलाने॥

राम सीता की ओर आकृष्ट हुए तो पहला ख्याल वंश का आया। मेरा मन आकृष्ट हुआ है तो सीता निश्चय ही वरणीया जाति की होंगी :

रघुवंसिन्ह कर सहज सुभाऊ। मनु कुपंथ पगु धरइ न काऊ॥

मन अगर कहीं और गया तो कुपंथ पर गया। लेकिन सीता को इतना वंशविश्वास नहीं था। आकृष्ट होते ही उन्हें पहला ख्याल आया पिता के प्रण का। वह मन में क्षुब्ध हुई :

नखसिख देखि राम के सोभा। सुमिरि पिता पनु मनु अति छोभा॥

पिता की इच्छा कन्या की इच्छा के आड़े आती थी। कन्या को विवाह अपनी इच्छा से नहीं, पिता की इच्छा या प्रण के पूरा करनेवाले से करना था।

शिव की बारात की विकटता की बात सुनकर पार्वती की मां मैना की पीड़ा असह्य हो गई। मैना पार्वती को गोद में बिठलाकर बोलीं—जिस विधि ने तुम्हें ऐसा सुंदर रूप दिया उसने तुम्हारे लिए ऐसा बावला वर दिया। मैं तुम्हें लेकर पर्वत से कूद पड़ूंगी, आग में कूद पड़ूगी, समुद्र में डूब मरूंगी, घर बरबाद हो जाए, अपयश हो, लेकिन जीते-जी यह विवाह न होने दूंगी :

जेहि बिधि तुम्हहिं रूप अस दीन्हा। तेंहि जड़ बरु बाउर कस कीन्हा।
कस कीन्ह बरु बौराह विधि जेहिं तुम्हहि सुंदरता दई।
जे फल चहिअ सुरतरुहि सो बरबस बबूरहिं लागई।
तुम्ह सहित गिरि ते गिरौं पावक जरौं जलनिधि मँह परौं।

यह तुलसीदास के एक नारीपात्र का मध्यकालीन नारीविरोधी व्यवस्था के प्रति विद्रोह है। इस व्यवस्था में नारी अपनी पीड़ा का अंत नहीं कर सकती तो अपने जीवन का ही अंत कर देती है। नारी की इस विवशता का प्रधान कारण उसकी आर्थिक पराधीनता है। तुलसी इस पराधीनता के कारण को नहीं पहचानते थे, पराधीनता की पीड़ा महसूस करते थे :

कत बिधि सृजी नारि जग माँही। पराधीन सपनेहुं सुख नाहीं।

भक्ति कवियों—विशेषतः तुलसी और सूर ने भगवान की घर के बाहर की लीलाओं का जो वर्णन किया है, उसमें उनका मन बहुत रमा है। तुलसी ने राम वनगमन के मार्ग पर राम-लक्ष्मण-सीता और उनके प्रति ग्रामीण नर-नारियों के व्यवहार का जो वर्णन किया है वह भी द्रष्टव्य है। सीता को राजमहल में बहुत सुख था, लेकिन जो सुख उन्हें लोकसामान्य जीवन और प्रकृति ने दिया वह राजमहल में संभव नहीं था। चित्रकूट में सीता-राम के प्रेम का चित्रण द्रष्टव्य है :

नाह नेहु नित बढ़त बिलोकी। हरषित रहत दिवस जिमि कोकी॥
सिय मनु रामचरन अनुरागा। अवध सहस सम बन प्रिय लागा॥
परन कुटी प्रिय प्रियतम संगा। प्रिय परिवारु कुरंग बिहंगा॥
सासु ससुर सम मुनितिय मुनिवर। असनु अमिअ सम कंदमूल फर॥

इन पंक्तियों की व्याख्या करते हुए आचार्य रामचन्द्र शुक्ल् ने लिखा :

> अयोध्या से अधिक सुख का रहस्य क्या है? प्रिय के साथ सहयोग के अधिक अवसर। अयोध्या में सहयोग और सेवा के इतने अवसर कहां मिल सकते थे। जीवन-यात्रा की स्वाभाविक आवश्यकताओं की पूर्ति वन में अपने हाथों से करनी पड़ती थी— ऐसे प्राकृतिक जीवन में प्रेम का जो विकास हो सकता है, वह कृत्रिम जीवन में दुर्लभ है : दूसरा कारण इस सुख का था, हृदय का प्रकृति के अनेक रूपों के साथ सामंजस्य जिसके प्रभाव से 'कुरंग-बिहंग' अपने परिवार के भीतर जान पड़ते थे।

जिस कृत्रिम जीवन से उबर कर चित्रकूट में सीता को सुख मिल रहा था वह मध्यकालीन और (तुलसी के यहां) सामंती था। कबीर, तुलसी, सूर, जायसी, मीरा आदि का साहित्य सामंती व्यवस्था और उसकी अनुगामिनी रीतिकालीनता पर चोट करता है। शुक्लजी की व्याख्या के अनुसार चित्रकूट में सीता राम के साथ कर्म में रत हैं, अपने हाथों काम करती हैं और प्रकृति के साहचर्य में हैं, अतः सुखी हैं। जब तक स्त्री पुरुष के साथ व्यापक जीवनक्षेत्र में नहीं उतरती तब तक वह सच्चे, स्वाभाविक प्रेम की अधिकारिणी नहीं बन सकती। प्रेम दो समान व्यक्तियों का हृदय व्यापार है, खिलानेवाला और खानेवाली, जेवर बनवानेवाले और जेवर पहननेवाली, का व्यापार नहीं। स्त्री चाहे जितनी आकर्षक हो,

ड्राइंगरूम की गुड़िया बनी रहेगी तो विकर्षक जरूर हो जाएगी। सीता और राम के अडिग प्रेम का कारण राम के साथ सीता का वनगमन और वास है—सीता का सौंदर्य ही नहीं। सीता और राम के इस प्रेमोत्कर्ष की व्याख्या करते समय शुक्लजी प्रिय के 'स्वाभाविक सहयोग की अभिलाषिणी' एक ग्रामीण नायिका की उक्ति उद्धृत करते हैं :

आगि लागि घर जरिगा, बड़ सुख कीन।
पिय के हाथि घइलवा भरि भरि दीन॥

चाहे 'रामचरित मानस' की सीता हों चाहे यह ग्रामीणा हो, चाहे मीरा—सभी उस व्यवस्था की नारियां हैं जिसमें नारी की सार्थकता चारदीवारी के अंदर ही थी। जिस व्यवस्था में स्वतंत्र व्यक्तित्व के निर्माण की छूट ही न हो उसमें सच्चे प्रेम और सच्ची घृणा का अवकाश कहां? इन पंक्तियों में नायिका की वह छटपटाहट व्यक्त हुई है जो प्रिय की वास्तविक जीवनसंगिनी न बन पाने के कारण है। प्रेय के हाथों में घड़ा भर-भर कर देने का अवसर मिला तो घर की चारदीवारी में घुटती हुई ग्रामीणा का जीवन सार्थक हो उठा। 'घर', जो उस दमघोंटू व्यवस्था का प्रतीक है, जल गया तो बुरा नहीं हुआ, अच्छा हुआ।

घर को तोड़कर बाहर निकलने की आकांक्षा का जैसा सहज, स्वाभाविक और मार्मिक चित्रण सूरदास के यहां है, वह अन्यत्र दुर्लभ है। राधा-कृष्ण की प्रेमलीला जिसमें ग्वालबाल, गाय-बैल, यमुना का तट, कदंब, करील के वृक्ष—सब शामिल हैं, काव्य क्या साक्षात्, 'जीवन-उत्सव' है। वह सूरदास की बंद आंखों का देखा हुआ स्वप्न है जो मध्यकालीन सामंती नारीपराधीनता को तोड़कर एक सुखद समाज का स्वप्न है। जिस युग में सूरदास ने अपनी रचना की उसमें नारी पराधीन थी लेकिन लीलावर्णन के माध्यम से सूर ने उस स्थिति का स्वप्न देखा जिसमें नारी बंधनों को तोड़कर कुंठारहित तौर पर अपने प्रिय के साथ विचर सकती है। रास, महारास का केवल धार्मिक आध्यात्मिक महत्त्व ही नहीं, उसका सामाजिक महत्त्व भी है। सूरदास का रासचित्रण सुखविभोर मानवता का सजीव, सरूप, गतिमय, स्पंदित चित्र है। यहां मनुष्य सृष्टि के साथ ताल, लय, गति, प्राण, अनुभूति सभी दृष्टियों से एकमेक हो गया है। ऐसा स्वप्न जो अखंड अनुभूति का पर्याय हो, सूरदास ने देखा। घर का यह तोड़ना असामाजिक नहीं, सामाजिक नियमों की अमानवीयता, असामाजिकता को तोड़ना है। तुलसीदास नारीपराधीनता को महसूस करते हों, उसकी पीड़ा का चित्रण कर सकते हों, किंतु सामाजिक निषेधों में अंतर्निहित अमानवीयता को इस तरह यानी सूरदास की तरह तोड़ नहीं सकते। वस्तुतः अंतर तुलसी और सुर का उतना नहीं जितना राम और कृष्ण के चरित्रों का है।

सूफी संतकवि जायसी को बहुत संवेदनशील एवं परदुःखकातर हृदय मिला था। उन्होंने 'पद्मावत' में अलौकिक संकेत दिए हैं। साथ ही, समाज की करुणागाथा भी प्रस्तुत की है। 'पद्मावत' में दंपतिप्रेम का विरह ही नहीं व्यंजित हुआ है, मानवसमाज के

प्रायः प्रत्येक क्षेत्र की करुणा व्यंजित हुई है। जायसी भारत के उन कवियों में से हैं जो विधिनिषेधों को तोड़कर मानवीय पीड़ा को सहानुभूति देते हैं जिनके यहां धार्मिक मताग्रह परदुःखकातरता को कहीं भी बाधित नहीं करता। मत और सिद्धांत के आधार पर निर्मित 'पद्मावत' का रूपक बीच-बीच में लगातार उनकी सहानुभूति और करुणा से टूटता रहता है। जीवनयथार्थ से उत्पन्न मानवीय अनुभूति मतवाद पर आधारित रूपक को लांघती रहती है। नागमती सशंक थी कि रत्नसेन को कहीं पता चला कि पद्मिनी अधिक सुन्दर है तो वह मुझसे विरक्त हो जाएगा। उसने हीरामन सुग्गे को मार डालने का उपक्रम किया। भेद खुल गया तो समझ गई कि मैं जुआ हार गई। हीरामन को वापस लौटा दिया और बोली—मैंने जो गर्व किया उससे तुम्हारा पता मुझे चल गया। जो बारहों महीने तुम्हारी सेवा करती है जरा-सी चूक होने पर उसका भी विनाश कर देते हो, जो तुम्हें अपना सर्वस्व गर्दन झुकाकर देती है उसका भी प्राण तुम लिए बिना छोड़ते नहीं। चाहे रानी हो, चाहे चेरी, जिस पर तुम कृपा करो वही भली हो जाए :

सेवा करै जो बरहौ मासा। एतनिक औगुन करहु बिनासा॥
जौं तुम्ह देह नाइ कै गीवां। छांडहु नहिं बिनु मारे जीवां॥

का रानी का चेरी कोई। जा कहं मया करहु भली सोई॥

(पद्मावत : नागमती सुआ खंड)

जायसी का कौशल यह है कि वह यथार्थ को ही चित्रित करके, वर्णन शैली से पारलौकिक या आध्यात्मिक संकेत करते हैं। ये वर्णन भौतिक यथार्थ और व्यंजित धार्मिक विचार—दोनों को व्यंजित करते हैं। व्यंजना का आधार लौकिक, स्थूल यथार्थ न हो तो वह अशक्त होगी।

सखियों के साथ पद्मिनी मानसरोवर में स्नान करने गई। वहां खेलने लगीं। खेलती थीं और विवाहोपरांत जीवन की पराधीन स्थिति के बारे में सोचकर चिंतित होती थीं—रानी ! मन में विचार के देखो, नैहर में चार दिन रहना है, जब तक पिता का राज है, जो खेलना है खेल लो, कल ससुराल जाना होगा। तब कहां हम, कहां यह सरोवर, कहां यह तट। मायके आना क्या अपने हाथ में होगा? फिर साथ मिलकर खेलना कहां? सासु-ननद की बोली जान ले लेगी, दारुण श्वसुर आने नहीं देगा। प्रिय का प्यार ही सहारा होगा। वह भी पता नहीं क्या करे। पता नहीं सुख से रखे, दुख दे, पता नहीं जिंदगी किस तरह बसर हो :

ऐ रानी मन देखु बिचारी। एहि नैहर रहना दिन चारी॥
जौ लहि अहै पिता कर राजू। खेलि लेहि जौं खेलहु आजू॥
पुनि सासुर हम गौनब काली। कित हम, कित एह सरवर पाली॥
कित आवन पुनि अपने हाथा। कित मिलिकै खेलब एक साथा॥

सासु ननद बोलिन्ह जिउ लेहीं। दारुन ससुर न आवै देहीं॥
पिउ पिआर सब ऊपर सो पुनि करै दहुँ काह।
दहुँ सुख राखै की दुख दहुँ कस जनम निबाह॥ **(वही, मानसरोदक खंड)**

नारीपराधीनता का यह चित्रण तुलसी की अपेक्षा कम स्पष्ट नहीं। जायसी का कौशल यह कि उन्होंने यह दुखद चिंता खेलने की सुखद स्थिति में प्रकट करवाई है।

पद्मिनी सिंहलगढ़ से विदा होने लगी तो सभी बेहाल हो उठे। पद्मिनी ने कहा, अगर नैहर छूटना ही था तो पिता ने बचपन में रक्षण क्यों किया, मैं मर क्यों न गई। कंत के चलाने पर जा रही हूं, क्या करूं। हुक्म टाल नहीं सकती। सखियां रोने लगीं। बोलीं—तुम्हें देखकर हमें अपना भी दुःख याद आ रहा है। जब तुम जैसी राजकुमारी न रहने पाईं तो हम क्या, हम तो पराई हैं। हमारा जो आदिपिता था उसने हृदय में इस दिन की बात न सोची। निष्ठुर था, उसने ममता न दिखाई! हमें गेहूं के लिए बेच दिया। जिस गेहूं के लिए बेचा उसका हृदय विदीर्ण हो गया किंतु उस पिता का हृदय द्रवित नहीं हुआ:

धनि रोवत सब रोवहिं सखी। हम तुम्ह देखि आपु कहं झखी॥
तुम्ह अैसी जहँ रहै न पाई। पुनि हम काह जो आहिं पराई॥
आदि पिता जो अहा हमारा। ओह नहिं यह दिन हिएँ विचारा॥
छोह न कीन्ह निछौहें ओहूं। गा हम बेचि लागि एक गोहूं॥
मकु गोहूं कर हिय बेहराना। पै सो पिता नहिं हिएँ छोहाना॥
(पद्मावत : रत्नसेन विदाई खंड)

आदिपिता ने बेटियों को गेहूं के लिए बेच दिया। आदिपिता आदम जो गेहूं का दाना खाने के लिए स्वर्ग से निकाले गए। आदिपिता पद्मिनी की परिचारिका-सहेलियों के निर्धन जनक, जिन्होंने भूख के लिए अपनी संतानें राजा को—पद्मिनी के पिता को बेच दीं। इस तरह पद्मिनी के पिता उन लड़कियों के भी पिता हुए। धार्मिक और भौतिक दोनों अर्थ साथ-साथ निकल रहे हैं। अन्योक्ति सहजोक्ति पर आधारित होती है। सहजोक्ति झूठी निरर्थक नहीं होती। उसकी यथार्थता पर ही अन्योक्ति की व्यंजना आधारित होती है। अन्योक्ति अन्य उक्ति है, सहज उक्ति से अलग उक्ति—एक और उक्ति। वह वाच्य है या व्यंग्य यह अलग बात है। तुलसी ने भी इस तथ्य को अंकित किया था। अभिधा में :

ऊंचे-नीचे करम धरम अधरम करि
पेट ही को पचत, बेचत बेटा बेटकी। **(कवितावली)**

जायसी और तुलसी संत, भक्त थे। वे मूलतः भक्तिभावना के कवि थे। लेकिन भक्ति उन्हें सहृदय बनाती थी। इसीलिए जीवन का चित्रण करते समय वे विषमता को महसूस करते थे। वे मानवीय पीड़ा और करुणा के कवि थे। नारीजीवन की पराधीनता और

विवशता उन्हें निस्संदेह व्याकुल बनाती थी।

भक्तकवि नारीनिंदक नहीं। मध्यकाल की सामंती व्यवस्था में नारी का एक रूप ऐसा भी था जो केवल भोग्या के रूप में जाना जाता था। इसे भक्तकवियों, विशेषतः कबीर-तुलसी ने निंदनीय माना। उसे 'माया' कहा। लेकिन वे नारी का केवल यही रूप नहीं देखते थे। वे नारीजीवन की संपूर्णता को उसकी विषमता के साथ देखते थे। उन्होंने नारी को अपनी रचनाओं में संपूर्णता के साथ चित्रित किया है, उसकी प. धीनता और विवशता से वे द्रवित हुए हैं। नारीपराधीनता से उतना द्रवित आधुनिक काल के प्रेमचंद, निराला जैसे साहित्यकार हुए हों तो हुए हों।

लेकिन ये भक्तकवि नारीपराधीनता के सामाजिक-आर्थिक कारणों को उतना नहीं समझते थे, जितना कि आज के विचारक समझते हैं। धार्मिक आग्रह इनकी करुणा को सीमित और बाधित भी करता था। वे 'सती' के त्याग-बलिदान को देखते थे, सतीप्रथा की अमानवीयता को नहीं महसूस करते थे। सती अपने पति के लिए जल जाए तो उत्तम, उसका जीवन सार्थक, धन्य है वह संतों का आदर्श! और पति? उसे कोई रोक नहीं। इस पर इन कवियों ने बहुत कम लिखा। यह ज्ञान के ऐतिहासिक विकाम की यानी विचारधारा की सीमा थी। जिस पिता ने गेहूं के लिए अपनी बेटी बेची, वह निर्मम नहीं था। निर्मम और दारुण वे आर्थिक परिस्थितियां थीं जिनके कारण निर्धन पिता को पत्थर बनकर अपनी संतान बेचनी पड़ी। जायसी ने इस पर नहीं लिखा। हालांकि ये पिता भी उनकी करुणा के हकदार थे। करुणा का भी बोध समाज ऐतिहासिक विकास में अर्जित करता है। उसका क्षेत्र भी विकसित होता चलता है। लड़की को बेचने पर पिता को करुणा दी हमारे युग के अनन्य कथाकार प्रेमचंद ने।

> उसी वक्त पंडित दातादीन ने होरी को इशारे से बुलाया और दूर ले जाकर कमर से सौ-सौ रुपये के दो नोट निकालते हुए बोले—तुमने मेरी सलाह मान ली, बड़ा अच्छा किया। दोनों काम बन गए। कन्या से भी मुक्त हो गए और बाप-दादों की निशानी भी बच गई...।
>
> होरी ने रुपये लिए तो उसका हाथ कांप रहा था, उसका सिर ऊपर न उठ सका, मुंह से एक शब्द न निकला, जैसे अपमान के अथाह गढ़े में गिर पड़ा है और गिरता चला जाता है। आज तीस साल तक जीवन से लड़ते रहने के बाद वह परास्त हुआ है और ऐसा परास्त हुआ है कि मानो उसको नगर के द्वार पर खड़ा कर दिया गया है और जो आता है, उसके मुंह पर थूक देता है...।
>
> दातादीन ने कहा—तो मैं जाता हूँ। न हो तो, तुम इसी बखत नोखेराम के पास चले जाओ।
>
> होरी दीनता से बोला—चला जाऊंगा महाराज! मगर मेरी इज्जत तुम्हारे हाथ है।[52]
>
> **('गोदान' सं. 1961, पृ. 359)**

संदर्भ

1. सुरेन्द्रनाथ दासगुप्त : 'ए हिस्टरी आफ इण्डियन फिलासफी', खंड 3, 1975, पृ. 64
2. वही, पृ. 69
3. वही, पृ. 80
4. के. दामोदरन : 'भारतीय चिन्तन परम्परा', पृ. 271, उद्धृत
5. 'ए हिस्टरी आफ इण्डियन फिलासफी' खण्ड ३, पृ. 101
6. वही, पृ. 104
7. देखिए—राधाकृष्णन : 'हिस्टरी आफ इण्डियन फिलासफी'
8. 'भारतीय चिन्तन परम्परा', पृ. 278
9. 'भक्तमाल वार्तिक प्रकाश', पृ. 251
10. रामविलास शर्मा : 'निराला की साहित्य साधना', खण्ड 2, प्रथम संस्करण, 27-8
11. वही, पृ. 34-5
12. रामशरण शर्मा : 'शूद्रों का प्राचीन इतिहास', मैकमिलन कं. आफ इण्डिया लि., दिल्ली, 1978, पृ. 161
13. वही, पृ. 162
14. इरफान हबीब : 'दि हिस्टारिकल बैकग्राउंड ऑफ दि पापुलर मोनोथिएस्टिक मूवमेंट्स आफ दि फिफ्टींथ-सेवेंटीथ सेंचुरीज'
15. वही
16. वही
17. हजारी प्रसाद द्विवेदी : 'कबीर', दिल्ली, 1973, पृ. 17
18. हजारी प्रसाद द्विवेदी : 'संदेश रासक,' दिल्ली, 1975, पृ. 14
19. 'कबीर', पृ. 22
20. पी. सी. जोशी : 'इकानामिक डेवेलपमेंट ऐंड सोशल चेंज इन ट्रेडीशनल इण्डिया' पृ. 9 पर उद्धृत एम. एन. श्रीनिवास का मत
21. एम. एन. श्रीनिवास: 'कास्ट इन माडर्न इण्डिया', पृ. 66
22. 'कबीर', पृ. 20
23. वही, पृ. 23
24. श्रीनिवास : 'सोशल चेंज इन माडर्न इण्डिया', पृ. 30
25. 'शूद्रों का प्राचीन इतिहास', पृ. 174
26. वही, पृ. 176
27. वही
28. वही, पृ. 177
29. वही, पृ. 178
30. वही, पृ. 179
31. वही

32-4 वही, पृ. 190

35. वही, पृ. 196

36. वही, पृ. 198

37-9. वही, पृ. 199

40. वही, पृ. 205-6

41. आर. सी. मजूमदार : 'ऐंशियंट इण्डिया', दिल्ली, 1964, पृ. 137

42. वही, पृ. 394

43. डी. एन. झा : 'टेंपेल्स एण्ड मर्चेंट्स इन साउथ इण्डिया', (अप्रकाशित लेख)

44. 'ए हिस्टरी आफ इण्डियन फिलासफी', पृ. 101

45. 'ब्रह्मसूत्र', शांकर भाष्य, 4/3/14

46. श्री शीरीरक मीमांसामाध्ये विलक्षणत्वाधिकरणम्, 2/1/9

47. 'भारतीय चिन्तन परम्परा', पृ. 278

48. देखिए 'वैष्णविज्म : दि सिस्टम आफ रामानंद', कलेक्टेड वर्क्स ऑफ भंडारकर, पृ. 94

49. हजारी प्रसाद द्विवेदी : 'हिंदी साहित्य की भूमिका', हरि भक्ति प्रकाश की टीका का उद्धरण, पृ. 56

50. देखिए : 'कलेक्टेड वर्क्स आफ भंडारकर', पृ. 94

51. श्री भक्तमाल सटीक वार्तिक प्रकाशयुत, गद्यानुवाद वहीं से उद्धृत

मीरा और गिरधर नागर

हमारे मध्यकालीन भक्तकवियों का प्रामाणिक जीवनवृत्त तो उपलब्ध नहीं, लेकिन उनकी कविता पढ़ते समय कविता में उनका व्यक्तित्व बार-बार उभर आता है। वे अपने व्यक्तित्व की विशेषताओं को लिए-दिए इष्ट को समर्पित होते हैं। अपने इष्ट की जो मूर्ति ये कवि अपनी वाणी द्वारा गढ़ते हैं, उसमें इनका व्यक्तित्व भी घुला-मिला होता है। मीरा ने अन्य महान् कवियों की तुलना में—कबीर, जायसी, सूर, तुलसी की तुलना में—कम लिखा है, किंतु अपने विषय में उन्होंने पर्याप्त संकेत दिए हैं। केवल तुलसी ने ही अपने जीवन के विषय में मीरा से अधिक लिखा होगा।

मीरा की कविता में लोकलाज, कुल की मर्यादा को तोड़ने या लांघने की बात बार-बार कही गई है। यह अकारण नहीं। इसके सामाजिक कारण हैं। मीरा अपने इष्ट को समर्पित तो होती हैं लेकिन इस समर्पित होने की प्रक्रिया में जो विघ्न-बाधा आती है उसका संकेत भी वह दे देती हैं। यह भी देखने की चीज है कि तुलसी के समान मीरा की कविता में भी 'दुर्जन', 'खल' आते हैं। विषमता का बोध मीरा के यहां प्रकट है। कबीर, तुलसी ने अपने समकालीन किसी 'खल' का नाम लेकर उल्लेख नहीं किया। मीरा ने 'राणा' का नाम लिया है। मीरा की कविता में अमृत-विष साथ-साथ अकसर आते हैं। कहा गया है कि उन्हें विष दिया गया था, उन्होंने पी लिया तो अमृत हो गया। पता नहीं यह सत्य है या असत्य, लेकिन इसका प्रतीकार्थ जरूर है। विषपान मीरा का—मध्यकालीन नारी का—स्वाधीनता के लिए संघर्ष है और अमृत उस संघर्ष से प्राप्त तोष है जो भावसत्य है। मीरा का संघर्ष जागतिक, वास्तविक है, अमृत उनके हृदय या भावजगत में ही रहता है।

मध्यकालीन समाज में अवर्णों को सवर्णों के समान होने के लिए जातिप्रथा से टकराना पड़ता था, तो नारियों को रूढ़िग्रस्तता और छद्म कुलमर्यादा से। भक्ति आंदोलन में आर्थिक समानता की बात नहीं थी, बात केवल भक्ति की दृष्टि से समानता की थी। लेकिन इस भावजगत की समानता के अनुकूल आचरण करने पर जातिप्रथा और नारीपराधीनता की रूढ़ि रास्ता रोककर खड़ी हो जाती थी। मीरा जब कविता में बार-बार लोकलाज, कुल की मर्यादा को तोड़ने की बात कहती हैं तब वह उसी बाधा का संकेत करती हैं। ऐसे उल्लेख मीरा के यहां बहुत ज्यादा हैं। जैसे तुलसीदास को जहां अवसर मिलता है, भूख, अकाल, महामारी और कामदेव के प्रभाव का उल्लेख कर देते हैं, कबीर 'जाति जुलाहा मति का धीर' जैसा उल्लेख कर देते हैं, वैसे ही मीरा लोकलाज, कुल की मर्यादा तोड़ने का अदबदा कर उल्लेख करती हैं :

लोक लाज कुलरां मरजादां जग मां णेक णा राख्यां री। (पद 17)
साज सिंगार बांध पग घूंघर लोकलाज तज नाची। (पद 19)
लोकलाज की काण न मानूं। (पद 35)
लोक कह्यां मीरा बावरी सासु कह्यां कुल नासां री। (पद 36)
लोकलाज कुलकाण जगत की दइ बहाइ जस पाणी। (पद 38)
थारे कारण जग जण त्यागां लोकलाज कुल डारां। (पद 93)

(परशुराम चतुर्वेदी (सं.) मीरांबाई की पदावली)

मीरा ने यह भी लिख दिया कि लोकलाज तो मैंने तोड़ दी, लेकिन इसके लिए लोग मुझे बुरा कहते हैं, निंदा करते हैं, तरह-तरह की बातें करते हैं। सास लड़ती है, ननद खिजाती है, पहरा बिठला दिया गया है, ताला जड़ दिया गया है, ताकि मीरा बाहर न जा सके :

हेली म्हासूं हरि बिन रह्यो न जाय।
सास लड़े मेरी ननद खिजावै राणा रह्या रिसाय।
पहरो भी राख्यो चौकी बिठार्‌यो, तालो दियो जड़ाय। (पद 42)

(मीरांबाई की पदावली)

सास-ननद ही नहीं, लोग भी कड़वे बोल बोलकर हंसी उड़ाते हैं :

कड़वा बोल लोक जग बोल्या करस्यां म्हारी हांसी। (पद 45)
आबां की डालि कोइल इक बोले मेरो मरण अरु जग केरी हांसी। (पद 65)

(मीरांबाई की पदावली)

सास बुरी है, ननद हठीली है, लड़-लड़ के मुझे ताड़ती है :

सास बुरी अर नणद हठीली, लरि-लरि मोहि तारी। (पद 169)

(मीरांबाई की पदावली)

कहा जा सकता है कि सास-ननद, ताला, चौकी, पहरा आदि का उल्लेख उस युग की स्त्रियों की अभिव्यक्ति का मुहावरा था। ठीक है, लेकिन यह तो पता चलता ही है कि मीरा की कविता उस युग के सामान्य नारी-मन की विवशता को प्रस्तुत कर रही है। यद्यपि मीरा ने जिस ढंग से यह बात लिखी है, उससे साफ पता चलता है कि यह मुहावरा नहीं मीरा की आपबीती है। सास-ननद, पहरा, चौकी, ताला मुहावरा है, 'राणा' तो मुहावरा नहीं : 'सास लड़े मेरी ननद खिजावै राणा रह्या रिसाय।'

यह राणा मुहावरा नहीं बल्कि मीरा को पीड़ित करनेवाला शासक है। मीरा की कविता संबोधित कविता है। वह 'राणा' को अनेकशः याद करती हैं। कभी उसे संबोधित करती हैं, कभी उसके अत्याचारों का वर्णन करती हैं।

मीरा के आचरण में वह कौन-सी बात थी जो 'राणा' को नापसंद थी, जिससे कुल

की मर्यादा नष्ट होती थी। मीरा का व्यक्तित्व मध्यकालीन नारीजीवन को देखते हुए, इतना असामान्य है कि उनके विषय में नाना प्रकार की कहानियां और किंवदंतियां प्रचलित रहीं। इतना तय है कि उनका गृहस्थजीवन उनके पति की मृत्यु के कारण छिन्न-भिन्न हो गया था। यह भी तय है कि वह घर की चारदीवारी में रहकर सामान्य विधवा जीवन ही नहीं बिताना चाहती थीं, साधुसंगति भी करना चाहती थीं।

मीरा भक्त थीं। भक्त होना न तो बुरी बात है, न आपत्तिजनक। यदि वह सभी लोगों की तरह घर में रहकर पूजा-पाठ करके भक्ति करके अपना वैधव्य काटती रहतीं तो राणा को क्या आपत्ति होती! आपत्ति का कारण साधुसंगति ही ज्ञात होता है। मीरा केवल भक्त ही नहीं थीं, वह राणाकुल की वधू भी थीं। वह सामान्य भक्तिन की तरह सामान्य लोगों से मिलती-जुलती थीं, तो राणाकुल की मर्यादा कैसे न भंग होती?

मीरा ने लोकलाज, कुलमर्यादा की ही तरह इस साधुसंगति का भी उल्लेख अपनी कविताओं में अनेकशः किया है। वह 'राणाकुल' को श्रृंखला का प्रतीक मानती हैं और इस कुल से बाहर निकलकर दो काम करना चाहती हैं : साधुसंगति करना चाहती हैं और (कविताओं में) कृष्ण से मिलना चाहती हैं। साधुसंगति और कृष्णमिलन ये दोनों वस्तुतः एक ही उद्देश्य हैं। कृष्ण से मिलन का अर्थ भावजगत में कृष्ण का मिलन। अर्थात् साधु-संगति में कृष्णगुण कीर्तन। इस उद्देश्य की पूर्ति राणाकुल से बाहर आकर सामान्य जीवन में घुलने-मिलने से ही हो सकती थी। मीरा ने लिखा :

मीरां तो गिरधर बिन देखे, कैसे रहे घर बसिके। (पद 7)

(मीरांबाई की पदावली)

मीरा का अपना कोई नहीं, केवल गिरधर गोपाल हैं। मीरा ने भाई-बंधु सगे-साथी सब छोड़ा। साधुओं के साथ बैठ-बैठकर लोकलाज खो दी। भक्तों को देखकर वे प्रसन्न होतीं, जगत् को देखकर रोतीं। आंसुओं से सींच-सींचकर उन्होंने प्रेमबेल बोई। राणा ने विष का प्याला भेजा। मीरा ने मगन होकर पी लिया। मीरा को लगन लग गई अब जो होना है, हो :

म्यारां री गिरधर गोपाल दूसरा णां कूयां।
दूसरा णां कूयां साधां सकल लोक जूयां॥ टेक॥
भाया छांड्यां बन्धा छांड्यां छांड्यां सगा सूयां।
साधां ढिग बैठ-बैठ, लोकलाज खूयां।
भगत देख्यां राजी हुयां जगत देख्यां रूयां।
असवां जल सींच-सींच प्रेम बेल बूयां।
दध मथ घृत काढ़ लयां डार दया छूयां।
राणा विषरो प्यालो भेज्यां पीय मगन हूयां।

मीरा री लगण लग्यां होणा हो जो हूयां। (पद 18)

(मीरांबाई की पदावली)

इस पद में मीरा ने अपनी बाह्यांतर स्थितियों का सम्यक् परिचय दिया है। वे इस जगत् में अकेली हैं। कोई उनका नहीं है, पति मृत हो चुका है। विधवा के साथ भाई-बंधु-भतीजे कैसा व्यवहार करते हैं, यह विदित है। सभी को मीरा ने बाद में छोड़ा होगा, सभी ने मीरा को छोड़ना, उपेक्षित करना पहले शुरू किया होगा। इस जगत् को देखकर वे रोती हैं, इस दुखी और असंग जगत् में सार्थकता साधुसंग से ही संभव थी जिससे कि रिक्त हृदय में हरि को बसाया जा सके। जीवित रहते तो हृदय खाली रह नहीं सकता। कोई न कोई उसमें रहेगा ही। मीरा ने उसमें हरि को बसाया। साधुसंग इसका कारण और इसके लिए आवश्यक था। हरि के प्रति समर्पित हृदय ने बहुत वेदना सहकर और उस सहने की प्रक्रिया में ही प्रेम को पल्लवित किया। राणा इससे नाराज हुए, उन्होंने मीरा को दंड दिया, दुखी किया। लेकिन मीरा पथ की बाधाओं और संकटों को प्रसन्नतापूर्वक सहने के लिए तैयार हैं। इस जीवन की सार्थकता को उन्होंने पहचान लिया है। वह प्रेम में हैं, उनका साधन साधुसंगति है, राणा का महल नहीं।

कुमति गई तो उन्होंने साधुसंगति ग्रहण की : 'गया कुमत लयां साधां संगत श्याम प्रीत जग सांची।'

'साधां संगत हरि सुख पास्यूं जगसूं दूर रह्यां' अर्थात् मीरा जगत् से दूर रह साधु-संगति में हरि सुख पाती हैं। मीरा को राणा से यह शिकायत भी थी कि उसके देश में साधु नहीं हैं, बुरे लोग बसते हैं।

थारे देसां में राणा साध नहीं छै, लोग बसै सब कूड़ो। (पद 32)

(मीरांबाई की पदावली)

मीरा को साधु अच्छे लगते थे। लेकिन दिक्कत यह थी कि जगत् में—जिस जगत् को देखकर मीरा को रोना आता था, उसमें—दुर्जन भी कम नहीं थे, शायद सज्जनों से कहीं ज्यादा संख्या में थे। मीरा ने साधुओं को ही नहीं इन दुर्जनों को भी याद किया—मैं सत्संग में ज्ञान सुनती हूं। दुर्जनों ने यह देखा। देखकर क्या प्रतिक्रिया व्यक्त की इसे कहने की जरूरत मीरा ने नहीं समझी। कैसी प्रतिक्रिया व्यक्त की होगी—इसका अनुमान करना हम मध्यवर्गीय भारतीयों के लिए, विशेषतः हिंदी क्षेत्र के मध्यवर्गीय भारतीयों के लिए, दुष्कर नहीं। 'यथा स्त्रीणां तथा वाचां साधुत्वे दुर्जनो जनः' लिखनेवाले महान् करुणावान कवि भवभूति ने इसी देश के लोगों के विषय में यह पंक्ति लिखी थी। दुर्जनों ने जो कुछ किया, कहा, उसका निवारण मीरा ने गिरधर नागर की छाया-शरण में जाकर किया। उद्वेलित, लगता है, वह काफी थीं, इसलिए कटुता गिरधर नागर भी पूरी तरह समाप्त नहीं कर पाए, मुंह से निकल ही गया—दुर्जन जाकर अंगीठी में जल जाएं :

सतसंगति मा ज्ञान सुणै छीं दुरजन लोगां नै दीठी ।
मीरां रो प्रभु गिरधर नागर, दुरजन जलो ना अंगीठी । (पद 34)

(मीरांबाई की पदावली)

लोग कड़वे बोल बोलते हैं, हंसी उड़ाते हैं । यह नहीं देखते कि मीरा तो हरि के हाथ बिक गई है, उनकी शरण में चली गई है :

कड़वा बोल लोक जग बोल्या करस्यां म्हारी हांसी ।
मीरां हरि रे हाथ बिकाणी जणम-जणम री दासी । (पद 45)

(मीरांबाई की पदावली)

सासु ने कहा—मीरा कुल का नाश करनेवाली है : 'सासु कह्या कुल नासां री ।'

मध्यवर्गीय भारतीय समाज की स्त्रियों के पीड़न में स्त्रियों का भी योगदान होता है । सासु-पतोहू, ननद-भौजाई का कलह भारतीय स्त्रीसमाज की बहुत बड़ी विशेषता है । यह संयुक्त परिवार की विशेषता है । सासु-बहू, ननद-भौजाई में कलह ही नहीं होता, प्रेम भी होता है किन्तु विख्यात कलह ही है । मीरा के जीवन के विषय में जो लोकसाहित्य प्राप्त होता है, उससे मीरा ने 'सासु-ननद' या 'राणा' के विषय में जो लिखा है, वह समर्थित होता है । लोकसाहित्य को प्रामाणिक नहीं मान सकते । लेकिन इसका कुछ-न-कुछ आधार होना चाहिए । संभावना यही है कि मीरा के साथ जो कुछ घटित हुआ था वह लोकसाहित्य के माध्यम से अब तक लोकचित्त में सुरक्षित है । डॉ. पद्मावती 'शबनम' ने रूपक गायकों की शैली में प्राप्त ऐसे पदों का संकलन किया है जो उनके ग्रंथ 'मीरा : व्यक्तित्व और कृतित्व' में प्रकाशित हैं । इन पदों में 'ऊदा' और 'मीरा' का संवाद कराया गया है । कहते हैं ऊदा मीरा की ननद का नाम था । डॉ. शबनम का विचार है कि ऊदा या ऊदौ मीरा की ननद नहीं मीरा के देवर का नाम था ।[1] पदों में मीरा को भाभी का संबोधन किया गया है । 'मीरा' को भाभी देवर भी कह सकता था ननद भी । जो हो, इन संवादात्मक पदों का अध्ययन कम-से-कम इस बात को प्रकट कर देता है कि 'कुल' कैसा था जिसकी 'श्रृंखला' तोड़कर मीरा बाहर आना चाहती थीं । यह भी द्रष्टव्य है कि मीरा ने आत्मनिवेदन के माध्यम से अपनी रचनाओं में जिन स्थितियों को अभिव्यक्त किया है, उनका ये संवादात्मक पद समर्थन करते हैं :

ऊदौ : थाणे बरज बरज मैं हारी, भाभी मानो बात हमारी ।
राने रोस किया था पर साधो में मत जारी ।
कुल को दाग लगे छै भाभी, निन्दा हो रही भारी ।
साधो रे संग बन बन भटको लाज गमाई सारी ।
बड़ा घरां में जनम लियो छै नाचो दे दे तारी ।

(मीरा : व्यक्तित्व और कृतित्व)

तुम्हें बरज-बरज कर मैं हार गई, भाभी मेरी बात मानो। राणा ने रोष किया था—तुम साधुओं में मत जाओ, भाभी, कुल को दाग लगता है, भारी निंदा हो रही है, तुम साधुओं के संग वन-वन भटकती हो, सारी लाज गंवा दी है। इतने बड़े घर में तुम्हारा जन्म हुआ और तुम ताली दे-दे कर नाचती हो! (या तुम्हें ताली दे-दे कर इस प्रकार सबके बीच में नाचना शोभा नहीं देता।)

मीरा ने कुछ उत्तर दिया तो ऊदा फिर कहती है :

भाभी! बोलो बात बिचारी।
साधो की संगत दुख भारी, मानो बात हमारी।
छाया तिलक गलहार उतारो, सहिरो हार हजारी।
रतन जड़ित पहिरो आभूषण, भोगो भोग अपारी।
मीरा जी थे चालो महल में थाणो सोगन म्हारी।

मीरा ने उत्तर दिया :

ऊदा बाई मन समझ जाओ अपने धाम।
राज पाट भोगो तुम ही हमसे न तासूं काम।

(मीरा : व्यक्तित्व और कृतित्व, पृ. 202-3)

ऊदा ने मीरा को दुनियादारी समझाते हुए कहा—भाभी, तुम्हारी जात उत्तम है। यह ऊंच-नीच में तुम्हारा बैठना ठीक नहीं, तुम्हें राणा-सा वर मिला है, जिसका नौ कोट (किले) में राज है। खीर-खांड का भोजन करो, दखिनी चीर पहनो। अगर तुम नहीं मानोगी (साधुसंगत करोगी और फलस्वरूप राणा तुम्हें छोड़ देंगे) तो बासी-कूसी टुकड़ा मिलेगा, खट्टी छाछ मिलेगी, भाभी, भूखी मर जाओगी। तुम्हारे भगवान नहीं आएँगे तुम्हें सुखी करने :

ऊँचा नीचा बेचणा ये भाभी उत्तम तिहारी जात।
राणा सो वर पाइयो हे भाभी नौ कूंटा में थारो राज।
खीर-खांड को भोजन जीमो भाभी ओढ़ो दिखणी चीर।
राणा सो बर पाइयो ये भाभी, सब महलायं थांरो सीर।
बास्या कूस्या टूकड़ा ये भाभी और मिलेगी खाटी छाय।
रो रो भूखा मरो ये भाभी, नहीं मिलेगो हरि आय।

(मीरा : व्यक्तित्व और कृतित्व, पृ. 205)

जातिप्रथा, स्त्रीपराधीनता, आर्थिक विषमता किस प्रकार परस्पर संबद्ध हैं यह हमारे अनेक आधुनिक चिंतक नहीं समझ पाते। इन लोकगीतों के रचयिताओं ने समझ लिया था। उनकी यह समझ किताबें पढ़कर नहीं विकसित हुई है, समाज में जो कुछ होता है उसे देखकर आई है—'तू कहता है कागद लेखी मैं कहता हूं आंखिन देखी'।

जो दुर्जन मीरा को घर में कैद रखना चाहते थे या बाहर निकलने पर निंदित करते थे, हंसी उड़ाते थे, कड़वा बोलते थे, उनके सिरमौर 'राणा' थे। पता नहीं ये 'राणा' कौन थे। इन्हें मीरा ने अपनी रचनाओं में अनेक बार संबोधित किया है। कई पद तो इन्हीं को संबोधित हैं। फिर भी पता नहीं चलता कि यह मीरा के रिश्ते में क्या लगते थे। पति तो नहीं ही थे क्योंकि यह मत प्रायः मान्य है कि मीरा के पति की मृत्यु जल्दी हो गई थी। मीरा ने अपने एक पद में ऐसा संकेत भी दिया है कि वह पति की सेवा करनेवाली पत्नी को बहुत आदर की दृष्टि से देखती हैं। आगे चलकर हम यह दिखाने का प्रयास करेंगे कि मीरा पति-प्रेम को सदाचार माननेवाली महिला थीं। मीरा के विषय में कभी-कभी जो अतिरिक्ति आधुनिक चिंतन किया जाता है, वह बेहूदा है। ऐसे छद्म आधुनिक विचारक यह समझ ही नहीं सकते कि मनुष्य शारीरिकता से ऊपर उठ सकता है। मीरा के समय में ऐसे लोगों की कमी नहीं थी। जैसे छद्म आधुनिक वैसे छद्म भक्तखंड। मीरा को राणा के साथ-साथ एक अतिचारी, मूल्यांध अति क्रांतिकारी (?) से भी टकराना पड़ा था। कुछ लोगों के सोचने-समझने में औदात्य का प्रवेश ही नहीं हो सकता। ऐसे ही एक विषयी साधु मीरा के पास पहुंचे।

विषयी कुटिल एक भेष धरि साधु लियो,
कियो यों प्रसंग मों सों अंगसंग कीजिए।
आज्ञा मोकों दई आप लाल गिरिधारी,
'अहो शीश धरि लई करि भोजन हूं लीजिए।'
असभनि समाज में बिछाय सेजि बोलि लियो।
'सक अब कौन की निसंक रस भीजिए।'
सेत मुख भयो, विषै भाव सब गयो,
नयो पायन पै आय, 'मोकों भक्तिदान दीजिए।' **(भ. मा. वा. प्र., 478)**

'वार्तिक प्रकाश' में इस पद का गद्यानुवाद इस प्रकार किया गया है :

> एक दिन की विचित्र वार्ता सुनिये, एक कुटिल विषयी दुष्ट साधु का भेष धारण किए हुए आके आपसे बोला कि मुझे गिरिधर लाल ने स्वयं आज्ञा दी है कि तुम जाके मीरा को पुरुष-संग का सुख दो। सो तुम मुझसे अंग-संग करो। श्री मीराजी ने उत्तर दिया कि 'आज्ञा मेरे शीश पर है, प्रथम आप प्रसाद भोजन तो कर लीजिए। मैं सेवा को उपस्थित हूं।'
>
> आप संतों के समाज के मध्य में सेज बिछवाकर उस विषयी से बोलीं कि 'आप पर्यंक पर सुखपूर्वक विराजिए और मुझे जो आज्ञा हो। जब प्रभु की आज्ञा है ही तो अब किसकी शंका है। आइए निःशंक रस-रंग में डूब के अंग-संग कीजिए।' श्री मीराजी के वचन सुन उसका मुख फीका पड़ गया; विषयभाव तज आपके चरण में पड़ गिड़गिड़ाने लगा और कहने लगा कि मुझे अब हरिभक्त दान

दीजिए।[2]

कोई भी ऊंची साधना असामाजिक नहीं हो सकती, वह नितांत व्यक्तिगत या समाज निरपेक्ष नहीं हो सकती। संयम साधना की पहली शर्त है।

लेकिन जिस दुर्जन ने मीरा को दंडित और सबसे ज्यादा पीड़ित किया था, वह राणा थे। कहते हैं मीराबाई का विवाह महाराणा सांगा के पुत्र कुंवर भोजराज के साथ हुआ था। पं. परशुराम चतुर्वेदी के अनुसार :

> मीरा मेड़ते से अपनी ससुराल मेवाड़ आकर, प्रथानुसार महल में 'मेडतणी' कहला कर प्रसिद्ध हो चलीं। उनका वैवाहिक जीवन भी अपने पति के साथ सुखपूर्वक व्यतीत होने लगा : परन्तु कुंवर भोजराज अधिक दिनों तक जीवित न रह सके।... पतिदेव का वियोग होते ही उन्होंने सारे लौकिक संबंधों के बन्धन सहसा छिन्न-भिन्न कर दिए और चारों ओर से चित्त हटाकर, अपने इष्टदेव के प्रति वे और भी अनुरक्त हो गईं।[3]

चतुर्वेदीजी का यह मत सुसंगत और मान्य लगता है। मीराबाई पतिप्रेम का आदर्श निभानेवाली महिला थीं—वह कोई उच्छृंखल या मनोवैज्ञानिक दृष्टि से असामान्य महिला नहीं थीं। मीरा ने लिखा है :

> छैल विराणो लाख को हे, अपणे काज न होइ।
> ताके संग सीधारतां है भला न कहसी कोइ।
> वर हीणो अपणों भलो हे कोढ़ी कुष्टी होइ।
> जाके संग सीधारतां है, भला कहै सब लोइ। (पद 26)

(मीरांबाई की पदावली)

मीरा को पीड़ित करनेवाले 'राणा' उनके पति नहीं, उनके देवर विक्रमाजीतसिंह थे। विक्रमाजीतसिंह के गद्दी पर बैठने के समय तक मीराबाई के पिता रतनसिंहजी की मृत्यु हो चुकी थी।[4] उनके पति और पिता दोनों की मृत्यु हो चुकी थी। मीरा निस्संतान थीं और देवर उद्दंड तथा परपीड़क था। महाराणा विक्रमाजीतसिंह यों भी अयोग्य और छिछोरे शासक थे।[5] वे क्षयिष्णु सामंती प्रवृत्ति के प्रतीक थे। मीरा को उन्होंने ही पीड़ित किया था। मीरा की कविताओं में संबोधित राणा 'महाराणा विक्रमाजीतसिंह' हैं। 'राणा' पर ही आरोप लगाना भी ठीक नहीं। वर्णव्यवस्था, जाति-पांति का ऊंच-नीचपन, नारीपराधीनता की जो सामाजिक परंपरा उस समय विद्यमान थी उसमें देवर शासक अपनी युवती भाभी को साधुसंगति कैसे करने देता? सामंती व्यवस्था नारी को मुख्यतः शरीर ही समझती है। पृथ्वी और नारी दोनों भोग्या हैं। पृथ्वी माता है यह आदर्श सामंत का नहीं होता। उसका आदर्श है:— वीरभोग्या वसुंधरा। इसलिए 'राणा' उस संकुचित और असहिष्णु व्यवस्था के प्रतीक थे—वह खुद अच्छे या बुरे थे, इस पर किसी बहस की जरूरत नहीं।

'राणा' से संबंधित या राणा को संबोधित जो पद मीराबाई ने रचे हैं, उनमें व्यक्तिगत कटुता का भाव मौजूद है, वह उनका अनुभव था। मीराबाई ने विपुल साहित्य की रचना नहीं की, फिर भी उनकी रचनाओं में आत्मकथात्मक उल्लेख बहुत अधिक है। लगता है कि भक्तकवियों का जीवन अपेक्षाकृत अधिक विषम अनुभवोंवाला था। दुर्जन उल्लेख भी सबसे ज्यादा तुलसी और मीरा के यहां ही है। अस्तु।

मीरा बहुत निर्भीक-निडर रही होंगी। हम जानते हैं कि 15वीं-16वीं शताब्दी में उदयपुर के राणा कहना न माननेवाली विधवा के साथ क्या सलूक कर सकते थे। ऐसे अवसरों पर अच्छे लोग भी, ईमानदार लोग भी विनय, चातुर्य एवं नीति से काम लेते हैं। अन्य संत-भक्त कवियों ने भी तत्कालीन शासकों-सामंतों की उपेक्षा की, आलोचना भी की है—लेकिन, नाम लेकर बिलकुल नहीं। तुलसी ने लिखा—'जांचै को नरेस देस-देस को कलेश करैं' देश को कलेश देनेवाले नरेश से कौन याचना करे। लेकिन कौन-सा नरेश देश को क्लेश पहुँचा रहा है, यह नहीं लिखा। मीरा को एक नरेश क्लेश पहुंचा रहा था। उन्होंने साफ लिखा—सीसौदिया (राणा) रूठकर मेरा क्या कर लेगा। राणा रूठेगा तो अपना देश अपने पास रख लेगा। लेकिन हरि के रूठने से तो मैं कुम्हला जाऊंगी :

सीसोद्यो रूठ्यो म्हांरो काई कर लेसी
राणोजी रूठ्यां बांरो देश रखांसी।
हरि रूठ्यां कुम्हलास्यां, हो माई। (पद 35)

(मीरांबाई की पदावली)

राणा! तुम मुझसे बैर क्यों रखते हो? तुम तो आदमियों में इतने गुणहीन लगते हो जैसे वृक्षों में कैर का वृक्ष :

राणा जी थे क्यांने राखो म्हांसूं बैर।
थे तो राणा जी म्हांने इसड़ा लागो ज्यों ब्रच्छन में कैर। (पद 34)

(मीरांबाई की पदावली)

मुझसे हरि के बिना नहीं रहा जाता। सास लड़ती है, ननद खिजाती है, राणा क्रुद्ध है, उसने पहरा बिठा रखा है, चौकी बिठा रखी है, ताला जड़वा दिया है :

हेली म्हांसू हरि बिन रह्यो न जाय।
सास लड़े मेरी ननद खिजावै, राणा रह्यो रिसाय।
पहरो भी राख्यो, चौकी बिठार्यो तालो दियो जड़ाय। (पद 42)

(मीरांबाई की पदावली)

मीरा की कविता का परिवेश सीमित और व्यक्तिगत है। लेकिन वह इस व्यक्तिगत और सीमित परिवेश को तोड़कर बाहर आना चाहती हैं, बाहर आने से रोकी जाती हैं—बाहर न आ पाने की व्यथा का वर्णन-चित्रण करती हैं, तो परिवेश अपनी विषमता से युक्त बाह्य

समाज का भी संकेत कर देता है। मीरा ने विधाता की सृष्टि की असंगति के विषय में भी एक पद लिखा है। यह विषय मध्यकाल का काफी प्रिय विषय प्रतीत होता है—प्रसिद्ध पंक्ति है—'नाम चतुरानन पै चूकते चले गए।' मीरा ने लिखा — मृग के दीर्घ नयन हैं, मारा-मारा फिरता है मृगजाल देखकर, बगुले को उजले पंख, कोयल काली, नदी का जल निर्मल, समुद्र का खारा। सिंहासन पर मूर्ख बैठे हैं, विद्वान् द्वार-द्वार मारे फिरते हैं। फिर लिखा—राणा भक्तों का संहार करता है।

मूरख जण सिंघासण राजा, पंडित फिरतां द्वारां
मीरा रे प्रभु गिरधर नागर राणा भगत संघारां। (पद 190)

(मीरांबाई की पदावली)

मूर्ख सिंहासनासीन है—ऐसी सीधी और कटु उक्ति भक्तकवियों में से कम ने की होगी। मीरा को अन्य भक्तकवियों की अपेक्षा सिंहासनासीनों की मूर्खता को अनुभव करने का मौका अधिक निकट से मिला था। उन्होंने इस मूर्ख राजा की मूर्खता प्रत्यक्षतः झेली थी। सिंहासनासीन मूर्ख ही नहीं अन्यायी भी है। उसमें मूर्खता और नीचता का विरल संयोग है। वह मूर्ख भी है और भक्तों का संहारक भी। हिन्दी में लिखनेवाले ऐसे कई लोग हैं जो [illegible]जनीतिक इतिहास की तरह साहित्यिक इतिहास को भी सांप्रदायिक दृष्टि से देखते हैं। [illegible] लोगों का मत है कि भक्त कवि विधर्मी शासन यानी मुस्लिम शासन के विरुद्ध थे। मुस्लिम शासन के विरुद्ध होना एक बात है और शासन के विरुद्ध केवल इसलिए होना कि वह 'मुस्लिम' है दूसरी बात। ऐसे साहित्य विचारकों का बहुत जोर इस बात पर है कि तुलसी ने रावण या राक्षसों का जो रूप खींचा है वह मुगल शासक का है। मुगल शासक भी अत्याचार करते थे इसमें कोई संदेह नहीं, लेकिन उस समय देश में अनेक हिंदू सामंत शासक भी थे। वे कैसे थे ? इसके विषय में विचारक कुछ नहीं कहते। तुलसी ने राक्षसों के विषय में लिखा है कि रावण के राज्य में राक्षसों के उपद्रव के कारण न कहीं भक्ति रह गई न जप, तप, ज्ञान—'नहिं हरि भगति जग्य तप ग्याना'। मीरा ने गिरधर नागर से निवेदन करते हुए लिखा कि राणा भक्तों का संहार करता है : 'मीरा रे प्रभु गिरधर नागर राणा भगत संघारां।'

स्पष्ट है कि रावण या राक्षस कौन है भक्तकवियों की निगाह में। सामंती शासक मात्र रावण और राक्षस हैं। हिन्दू-मुसलमान दोनों रावण-राक्षस बन सकते हैं। 'रावण' ब्राह्मण था—उत्तम कुल पुलस्त्य कर नाती, मुगल या मुसलमान तो वह नहीं था। ऐसे विचारकों की ही पंक्ति में वे विचारक भी आते हैं जो मुगल शासकों की आलोचना करने वाले को सांप्रदायिक घोषित कर देते हैं। निराला ने 'तुलसीदास' में लिखा : 'शासन करते हैं मुसलमान' या 'मोगल दल बल के जलद-यान' बस शीघ्रगामी चिंतकों ने घोषित कर दिया—'निराला में भी सांप्रदायिकता है।' यह निर्णय भी इतिहासबोध के अभाव के कारण है।

भक्तों, सूफियों, संतों को पीड़ा जो सामंत देते थे— वे हिंदू-मुसलमान दोनों थे। राणा विक्रमाजीत यदि मीराबाई को जहर का प्याला पिलाता था तो आलमगीर सरमदी सूफी को कत्ल करवाता था।

इसी से यह निष्कर्ष निकालना अनुचित नहीं कि भक्ति आंदोलन सामंती व्यवस्था का समर्थक नहीं विरोधी था। भक्तकवियों ने मध्यकाल में सामंती व्यवस्था के विरुद्ध कोई राजनीतिक-सामाजिक संगठन नहीं खड़ा किया। वे ऐसा नहीं कर सकते थे। वे समाज का राजनीतिक-आर्थिक विश्लेषण करनेवाले सेमिनारशूर आधुनिक समाज-विज्ञानी नहीं थे जो अपने वैज्ञानिक ज्ञान से बैंकबैलेंस बढ़ाने में माहिर हैं। भक्तों की यह कमी बताना कि वे राजनीतिक संगठन नहीं करते थे, अनावश्यक है। विशिष्ट संगठन तब बनते हैं जब उनके उपयुक्त स्थिति और बोध उत्पन्न हो जाता है। भक्तकवि भावना की साधना करते थे। उनकी साधना मुख्यतः व्यक्तिगत थी। लेकिन चूंकि वे अपनी निष्ठा के अनुसार आचरण भी करते थे इसलिए ह्रासोन्मुखी रूढ़ियां उनका विरोध करती थीं। भक्तकवि इन विरोधों से टक्कर लेते थे। इस टक्कर का वर्णन-चित्रण उन्होंने अपनी कविता में कर दिया है। जो ह्रासोन्मुखी रूढ़ियां उनके सदाचार का विरोध करती थीं वे सामंती व्यवस्था की समर्थक थीं। हम भक्तकवियों को इसी दृष्टि से और इसी अर्थ में सामंती व्यवस्था का विरोधी कहते हैं और यह भी स्वीकार करते हैं कि इस विरोध का स्तर भावनात्मक था। यह कोई राजनीतिक-आर्थिक या सामाजिक व्यवस्था के स्तर पर स्थित विरोध नहीं था। इस विरोध का आधार भक्तकवियों का व्यक्तिगत अनुभव था, इसके पीछे कोई सजग व्यवस्थाविरोध नहीं था। वे विरोध उस अमानवीयता का करते थे जो भक्ति, सदाचार और करुणा के आड़े आती थी। सामंती राजदरबार में यदि वे नहीं जाते थे, उसकी उपेक्षा करते थे तो इसी करुणा के कारण। मीरा ने जन्म ही राजकुल में लिया था। यह भक्ति कैसी थी जिसने समस्त राजपरिवार को मीरा के विरुद्ध खड़ा कर दिया? वह भक्ति सामंती व्यवस्था की समर्थक थी या विरोधी जो भक्तकवियों को दरबारों में जाने से रोकती थी और यदि कोई राजकुल में जन्मा भी तो उसे राजकुल छोड़ने पर विवश कर देती थी। कच्चे समाजविज्ञानी सब कुछ समझ लेते हैं सिर्फ भावना की शक्ति और प्रवृत्ति नहीं समझ पाते। भक्ति इस भावना पर आधारित एक व्यापक आंदोलन था, अतः वह सामाजिक भी था। सामाजिक न होता तो समस्त भारत को सहस्र वर्षों तक प्रभावित न किए रहता।

जनश्रुति है कि राणा विक्रमाजीत ने मीरा को विष दिया था। मीरा की रचनाओं में इसका बहुशः उल्लेख है। मीरा ने लिखा है कि वह विष मीरा के लिए अमृत बन गया। मान्य है कि मीरा के साधु-समागम के कारण होते लोकापवाद के कारण त्रस्त हो राणा विक्रमादित्य ने अपने बीजावर्गी मुसाहब की सलाह से उसी के द्वारा फूलों की डालियों में सांप-बिच्छू तथा चरणामृत के व्याज से विष का प्याला भेजा।' एक मान्यता तो यह भी है

कि मीरा की मृत्यु विषपान से हुई। मीराबाई का शाप बीजावर्गी कौम को अब तक लगा हुआ है और वे मानते हैं कि उस शाप से हमारी औलाद और दौलत में तरक्की नहीं होती है।[6]

स्पष्ट है कि विषपान से मीरा की मृत्यु हो गई होती तो वह इस घटना का उल्लेख न कर पातीं। संभव है कि यह प्रयत्न कई बार हुआ हो और एक-दो बार बच जाने के बाद अंततः मीरा की मृत्यु विषपान से हो गई हो। मीरा की मृत्यु के विषय में जो अनिश्चय है उसे देखते हुए यह असंभव नहीं जान पड़ता। जो हो, इस विषय में केवल अनुमान लगाया जा सकता है। सच यही है कि मीरा को राणा ने बहुत प्रकार से पीड़ित किया था। विषपान मीरा के संघर्ष का प्रतीक बन गया है, अमृत भी।

मीरा को भारी लोकनिंदा सहनी पड़ी होगी। संरक्षणशील और असहिष्णु भारतीय समाज के तत्त्वों ने क्या-क्या कहा-सुना होगा—हम उसकी कल्पना कर सकते हैं। मीरा जब कहती हैं—मुझे यह बदनामी मीठी लगती है, चाहे कोई निंदा करे चाहे स्तुति मैं तो अनूठी चाल चलूंगी :

राणी जी म्हाने या बदनामी लगे मीठी।
कोई निंदो कोई बिंदो मैं चलूंगी चाल अपूठी। (पद 34)

(मीरांबाई की पदावली)

तो मानना चाहिए कि यह बदनामी उन्हें कड़वी भी जरूर लगती रही होगी। ऐसा न होता तो वह दुर्जनों को अंगीठी में जल जाने की कामना न करतीं। वह निंदा करनेवालों का कुछ बिगाड़ तो सकती नहीं थीं। कभी-कभी स्त्रियोचित अबलामुद्रा में उन्हें सरापती हैं—निंदा करोगे तो नर्ककुंड में जाओगे, आधे अपंग हो जाओगे : 'निंदा करसे नरककुंड मां जासे थासे आंधला अपंग रे'।

मीरा को अपनी असहायता का तीव्र बोध है। यह बोध जितना तीव्र है उतना ही हरि के प्रति समर्पण की भावना है। इस असहायता के बोध में कहीं न कहीं अबलात्व का बोध और यह एहसास कि स्त्री सचमुच अबला होती है, मिला है। पति की मृत्यु, सास-ननद की ताड़ना, पिता की मृत्यु, देवर राणा का पीड़न और ऊपर से दुर्जनों की लोकनिंदा—इन सबने मीरा को बहुत असहाय मनःस्थिति में डाला होगा। लोकनिंदा की हालत तो यह है कि विश्वप्रसिद्ध और भारत की सर्वाधिक प्रसिद्ध भक्त कवयित्री होने के बावजूद आज भी राजस्थान में ऐसे लोग हैं जो मीरा को अच्छी निगाह से नहीं देखते। पंडित परशुराम चतुर्वेदी ने मीरा पर काम करने के सिलसिले में राजस्थानयात्रा का अनुभव बताते हुए लिखा है : 'हां, इस बात की सूचना मुझे अपनी उदयपुर की यात्रा के ही समय मिली थी कि वहां मीरा के प्रति आदरबुद्धि कम है। मुझसे इसकी चर्चा चित्तौड़ दुर्ग के रहनेवाले लोगों तक ने की थी।[7] यह हालत आज की है जबकि मीराबाई के मंदिर राजस्थान में ही निर्मित हो चुके हैं। मीरा के जीवनकाल में लोकनिंदा का क्या रूप रहा

होगा ? इसीलिए मीरा कृष्ण को निवेदित पदों में यह कहना नहीं भूलतीं कि वह अबला हैं:

म्हा अबला बल म्हारों गिरधर। (पद 48)
मैं अबला बल नाहिं, गोंसाई, राखो अबकै लाज। (पद 132)
मुज अबला ने मोती नीरांत थई रे। (पद 141)
अरज करां अबला कर जोर्यां स्याम तुम्हारी दासी। (पद 195)

(मीरांबाई की पदावली)

इस अबलापन का स्वाभाविक परिणाम था कि मीरा अपनी सजातीय अर्थात् अन्य स्त्रीजनों का उल्लेख पुरुष भक्तकवियों की तुलना में अधिक करती हैं। मीरा आत्मनिवेदन करते हुए बार-बार 'द्रुपद-सुता द्रौपदी' को याद करती हैं। अहल्या, कुबजा, गोपियों गणिका भक्तिन को याद करती हैं। मीरा ने पौराणिक कथाओं पर स्वतंत्र रूप से पद कम लिखे हैं। जो थोड़े-से पद लिखे हैं उनमें से पूरा एक पद 'भीलनी' शबरी पर है :

अच्छे मीठे चाख-चाख बेर लाई भीलणी।
ऐसी कहा अचारवती रूप नहीं एक रती। (पद 186)

(मीरांबाई की पदावली)

इस पद में मीरा दो बातें कहना नहीं भूलीं—एक तो यह कि भीलनी नीची जाति की थी, मैले-कुचैले वस्त्रोंवाली थी : दूसरे यह वही प्रभु हैं जिन्होंने गोकुल की अहीरनों का मन पवित्र किया। अहीरन भी कोई ऊंची जाति की नहीं थीं :

नीचे कुल ओछी जात, अति ही कुचीलणी
पतित पावन प्रभु गोकुल अहीरणी। (पद 168)

(मीरांबाई की पदावली)

मीरा ने मध्यकाल की एक अन्य भक्त कवयित्री 'करमाबाई' का सादर उल्लेख किया है : 'करमाबाई को खींच आरोग्यो होइ परसण पाबन्द'।

इन भक्त कवयित्रियों के साथ मीरा जिस पौराणिक पात्र का नामोल्लेख बार-बा़र करती हैं, वह हैं सुदामा। शबरी के साथ-साथ सुदामा पर भी पूरा पद मीरा ने रचा है :

देखत राम हंसे सुदामा कूं, देखत राम हंसे।
फाही तो फूलड़ियां पांव उभाणे चलते चरण धंसे।
बांलपणे का मित सुदामा, अब क्यूं दूर बसे।
कहा भावज ने भेंट पठाई, तंदुल तीन पसे।
कित गई प्रभु मोरी टूटी टपरिया, हीरा, मोती, लाल कसे।
कित गई प्रभु मोरी गउवन बछिया, द्वार बिच हंसती फसे ? (पद 187)

(मीरांबाई की पदावली)

अंतिम दो पंक्तियों में गरीब से धनी बने सुदामा के मन का आश्चर्य प्रकट किया गया है कि टूटा छप्पर, गाय-बछड़े कहां चले गए? मीरा ने भीलनी शबरी के साथ सुदामा पर भी एक पूरा गेय पद रचा तो इसमें आश्चर्य की तो कोई बात नहीं। लेकिन यह तो कहा ही जा सकता है कि निर्धनता के प्रतीक सुदामा की धनहीनता मीरा का ध्यान आकृष्ट करती थी। यह अकारण नहीं। भक्ति आंदोलन मुख्यतः धार्मिक आंदोलन जरूर था। लेकिन यह भी सच है कि वह लोकोन्मुख आंदोलन था। सभी भक्तकवियों में जो बात समान मिलेगी वह है लोकोत्तर, असामान्य को सामान्य धरातल पर लाकर प्रतिष्ठित करना। भक्तकवियों ने राम और कृष्ण का जो रूप खींचा है उसमें इष्ट लोक के बीज घुले-मिले दिखाए गए हैं। राम दीनबंधु है। जो जितना ही असहाय है वह राम के उतना ही निकट। भक्ति आंदोलन इस दृष्टि से अत्यंत लोकोन्मुख और करुणापूरित आंदोलन है। कृष्ण के सर्वाधिक प्रिय ग्वालबाल हैं, वे दुर्योधन के घर का मेवा त्याग कर विदुर के घर साग खानेवाले सुदामा के मित्र हैं। तुलसी ने रामनाम की महिमा बताते हुए लिखा कि राम कुलीन के कुल, अभागे के भाग्य, अंधे की आंख, गरीब के गाहक, गुणहीन के गुण, पंगु के हाथ-पांव, भूखे के मां-बाप, बेसहारे के सहारे हैं :

संबल निसंबल को, सखा असहाय को
भाग है अभागेहू को, गुन गुन हीन को
गाहक गरीब को, दयालु दानि दीन को
कुल अकुलीन को, सुन्या है बेद साखि है
पांगुरे को हाथ-पांव, आंधरे को आंखि है
माय बाप भूखे को, अधार निराधार को... **(विनयपत्रिका)**

भक्ति सांसारिक ऐश्वर्य की जो उपेक्षा करती है, उसका कारण सांसारिक धन-दौलत की कोई बुराई नहीं। बुराई इस बात में है कि उसमें लिप्त रहकर या उसे अर्जित करने के चक्कर में व्यक्ति परमार्थ को भूल जाता है। इसीलिए कनक और कामिनी दोनों की उपेक्षा भक्ति करती है। वरना पेट भरने भर का धन तो कबीर साफ-साफ मांगते हैं—'सांई इतना दीजिए जामें कुटुम समाय।' ये भक्त आर्थिक विषमता के वे कारण नहीं जानते थे जिन्हें आज के अर्थशास्त्री जानते हैं। लेकिन वे इस विषमता को देखकर उसकी पीड़ा संभवतः आज के अर्थशास्त्रियों की अपेक्षा अधिक अनुभव करते थे। आज ज्ञान के अनुसार आचरण नहीं। भक्त जानते कम थे, अनुभव ज्यादा करते थे और आचरण के क्षेत्र में तो उनकी आज के अर्थशास्त्रियों से क्या तुलना। सामाजिक विषमता पर शोधग्रंथ लिखनेवाले अनेक आधुनिक चिंतक वस्तुतः पूंजीवादी व्यवस्था के पुरोहित हैं जो ज्ञान के बूते पर माल काटते हैं। इस ज्ञान की सामाजिक उपयोगिता अवश्य भक्तिकाव्य से अधिक है।

मीरा को भी यह राजवैभव छोड़ना पड़ा होगा। लोक में घुलने-मिलने के लिए,

साधुसंगति करने के लिए उन्हें सामंती वैभव का मोह त्यागना पड़ा था। राणा के देश में सब कुछ था—गहना, गांठी, हाथ का चूड़ा काजल, टीका, महल, अटारी, नगरनिवास; नहीं थे तो साधु। इसलिए वह देश कूड़ा था। मीरा ने यह सामंती वैभव त्यागकर भगवी चादर पहनी :

> महल अटारी हम सब त्यागे, त्याग्यो थारो बसनों सहर
> काजल टीकी राणा हम त्यागा भगवी चादर पहर। (पद 34)

(मीरांबाई की पदावली)

लोकलाज कुल की मर्यादा त्यागने पर यह त्यागना अनिवार्य था। जाति-पांति की व्यवस्था को तोड़ने पर आर्थिक दंड पाना अनिवार्य था। कुल, वर्ण, जाति-पांति की व्यवस्था का आधार अर्थव्यवस्था थी।

ऐसी स्थिति में मीरा का सुदामा की कथा से प्रभावित होना आश्चर्यजनक नहीं, स्वाभाविक लगता है। भक्तव्यक्तित्व सांसारिकता से ऊपर उठने की बात जरूर करता है किन्तु संसार के दुखों की उपेक्षा नहीं करता। जितने भी प्रकार के—दैहिक, दैवी, भौतिक, ताप हैं, भक्त उन सबकी आंच से झुलसता है। इसीलिए मीरा द्रुपद-सुता, अहल्या, शबरी, गणिका के साथ-साथ सुदामा की कथा को भी महत्त्व और सहानुभूति देती हैं। नारी का दुःख उसकी पराधीनता और दरिद्रता का दुख उनके बोध में अलग रहा भी हो तो उनकी भावपरिधि में सिमटकर वे एक हो गए। कभी-कभी अनुभूति बोध की कमी पूरी कर देती है। जैसे बोध अपने में अनुभूति को छिपाए रहता है, वैसे अनुभूति में भी बोध के सूक्ष्म तंतु सक्रिय रहते होंगे।

मीरा ने यह सब सहने और त्यागने की शक्ति कहां से पाई? निस्संदेह भक्ति-भावना और भक्ति आंदोलन से। मीरा की रचनाओं में भक्ति की भावना उनकी विरह भावना से अभिन्न होकर अभिव्यक्त हुई है। कहते हैं भगवान भाव का भूखा है। आपके जो मनोविकार हैं उन्हें उसको समर्पित कर दें तो वह उन्हें ग्रहण करके अलौकिक बना देता है। भक्ति का मेरी जानकारी में अभी तक मनोवैज्ञानिक अध्ययन नहीं हुआ। कहते हैं भक्त को भगवान के पास निश्छल होकर जाना चाहिए। निश्छल यानी जो कुछ तुम्हारे मन में अच्छा-बुरा है, उसे लेकर भगवान के पास जाओ। भक्तकवियों—विशेष रूप से सगुण भक्तकवियों की रचनाओं को देखने से पता चलता है कि उनके इष्ट की मूर्ति का उनके जीवनसंघर्षों से गहरा संबंध है। यह बात जीवनसंघर्षों के विषय में प्रचलित झूठ-सच्ची कहानियों और उन्हीं की रचनाओं में प्राप्त साक्ष्य दोनों से पुष्ट होती है। तुलसीदास अपनी रचनाओं में 'काम-बाय' से ग्रस्त होने की बात बहुत करते हैं, 'मृग-नयनी के नयन सर को अस जाहि न लाग' लिखते हैं, भूख की बात बहुत करते हैं तो उनके राम कामदेव 'कोटि मनोज लजावन हारे' और पेट की अग्नि बुझानेवाले घनश्याम हैं—'तुलसी बुझाइ एक राम घनश्याम ही तें, आगि बड़वागि ते कठिन है आगि पेट की।'

इसी प्रकार सूरदास अंधे हैं तो वे बांसुरी के बारे में बहुत ज्यादा लिखते हैं 'छबीले मुरली नैंकु बजाउ।' सूर की प्रार्थना की टेक है। मीरा के भी इष्ट की मूर्ति उनकी जीवनस्थिति के मेल में है। उनका काव्यसंघर्ष उनके जीवनसंघर्ष का सहचर है। उनके द्वारा प्रस्तुत विभाव, भाव और उनके अभाव में परस्पर संबंध है।

नाभादास ने 'भक्तमाल' में मीरा के विषय में लिखा : 'सदृश गोपिका प्रेम प्रकट कल जुगहिं दिखायो।' गोपिकाएं द्वापर में हुई थीं। द्वापर में गोपिकाओं जैसा अनन्य प्रेम, उसके लिए घर-द्वार, कुल, परिवार का त्याग होना संभव था। वह आदर्श था। मीरा ने कलयुग में वैसा कर दिखाया। जो आदर्श था—भावजगत की बात थी, उसे, जीवन-आचरण में कर दिखाया। नाभादास के महत्त्व प्रदान का आधार यह था।

मीरा का जीवनसंघर्ष उनके वैधव्य से प्रारंभ हुआ। मीरा पति की मृत्यु पर सती नहीं हुईं और भक्तिन हो गईं। उनकी रचनाएं जो प्रधानतः विरहभावना की अभिव्यक्ति है, पति की मृत्यु और उनकी मृत्यु के बीच लिखी गईं। मीरा ने जो अलौकिक विरहवर्णन किया है, उसका कोई लौकिक आधार अवश्य होगा। इस विरहभावना को बहुत तीव्र बना देता था राणा और दुर्जनों का अमानवीय व्यवहार। मीरा की कविताओं में अलौकिक प्रियतम को पाने की आतुरता, न पा सकने की व्यथा, उसके पास पहुंचने से रोके जाने का आक्रोश, अपनी असहायता, उसे भावजगत में प्राप्त कर लेने की पुलक—सब कुछ विद्यमान है। पता नहीं उन्हें जहर दिया गया था या नहीं, वह जहर अमृत बना था या नहीं; लेकिन उनका काव्य उनके दुःख के सुख में परिणत हो जाने का दस्तावेज जरूर है। विष उनका लौकिक यथार्थ है और अमृत उनके भावजगत का परमार्थ है। मीरा की कविता में विष और अमृत अपना प्रतीकार्थ प्राप्त कर लेते हैं। विष मीरा के संघर्ष में तप कर अमृत बन जाता है। जिसे अन्य विष समझते हैं वह मीरा के लिए अमृत बन जाता है। मीरा की कविता में अमृत और विष के जो इतने उल्लेख हैं, वे निश्चित रूप से उनकी भावना और जीवन आचरण के संघर्ष से बहुत गहरे तौर पर जुड़े हैं। हमारे युग के कवि मुक्तिबोध के विष और अन्न से मीरा का विष और अमृत बहुत भिन्न नहीं :

मैं तुम लोगों से इतना दूर हूं।
तुम्हारी प्रेरणाओं से मेरी प्रेरणा इतनी भिन्न है।
कि जो तुम्हारे लिए विष है, मेरे लिए अन्न है।

(मुक्तिबोध : 'चांद का मुंह टेढ़ा है', 'मैं तुम लोगों से दूर हूं')

मीरा का प्रेम अज्ञात प्रियतम—भगवान के प्रति था। लेकिन क्या दीर्घ वैधव्य में उन्हें मृत पति की याद बिलकुल न आई होगी ?

हम यह देख चुके हैं कि मीरा के मन में पतिव्रता के प्रति सम्मान की भावना थी। वह तुलसीदास की ही शब्दावली में कहती हैं—पति चाहे जैसा हो—विकलांग हो, हीन हो, कोढ़ी हो—उसी के साथ चलने में सभी लोग भला कहते हैं। बिराना छैल अपने काम

का नहीं। यहां इस प्रसंग में मीरा सामाजिक या कुल की मर्यादा तोड़ने की बात नहीं करतीं। इस मर्यादा को वह शिरोधार्य समझती हैं। मीरा के साथ उनके पति का संबंध कैसा था, इस विषय में पं. परशुराम चतुर्वेदी का विचार है कि मीरा का वैवाहिक जीवन सुखी था। 'वार्तिक प्रकाश श्री भक्त माल सटीक' का खड़ी बोली में गद्यानुवाद करने वाले ने अपनी ओर से कोष्ठक में लिख दिया है कि मीरा के पति ने दूसरा विवाह कर लिया था।[8] मीरा के पति की अकाल मृत्यु लगभग सर्वमान्य है।

मीरा के विरह निवेदन में प्रिय का जो रूप सामने आता है उससे यही लगता है कि वह कहीं चला गया है, कहकर नहीं आया है, किसी दूसरी के घर चला गया है।[9] वह प्रियतम आया, आंगन में घूमकर लौट गया, जब वह आया तो अभागिन विरहिणी सो गई।[10] मीरा ने प्रिय के लिए 'जोगी' का संबोधन भी किया है। उनके कई पद 'जोगी' को संबोधित हैं। यह 'जोगी' कौन है?

इस योगी से प्रीति करने पर दुःख होता है, वह किसी का मीत नहीं। उसकी प्रतीक्षा मीरा रात-दिन करती हैं। वह नगर में आया, मीरा उसे रोक कर रख नहीं पाईं, उसे रोकने से कोई लाभ नहीं, वह रुकेगा नहीं, बोलता मधुर है लेकिन प्रीति नहीं जोड़ता। धूर्त जोगी एक बार भी हंस कर बोल। इस जोगी को रोकने की प्रार्थना करती हुई मीरा ने प्रसिद्ध पद लिखा : 'जोगी मत जा, मत जा, मत जा।' एक ही पंक्ति में न जाने की तीन बार कातर याचना—मत जा, मत जा, मत जा। पांव पड़ूँ मैं तेरे। अगर जाना ही है तो मीरा को भस्म कर दे। उसी भस्म को अपने अंग लगा ले। इस प्रकार जोत में जोत मिल जाएगी।[11] उसके वियोग में काले केश श्वेत हो गए।[12]

निस्संदेह इस 'जोगी' का वर्णन और इसके प्रति आत्मनिवेदन आत्मीयता के साथ किया गया है। डॉ. पद्मावती 'शबनम' ने इस विषय में साहसपूर्वक कहा है : 'संभव है... प्राप्त सामग्री की मनोवैज्ञानिक विवेचना तथाकथित मीरा के पदों में प्रायः सर्वत्र प्राप्त किसी जोगी-विशेष के प्रति गहरे व्यक्तिगत दाम्पत्य-संबंध को व्यक्त करनेवाले अन्तः स्रोत का स्पष्टीकरण कर सके।'[13]

मीराबाई ने 'जोगी' के अलावा 'रावल' का भी उल्लेख किया है : 'रावल कण बिलमाई राखा' 'रावल' को किसने बिलमा रखा है? चतुर्वेदीजी का कहना है : 'रावल शब्द का अर्थ जोगी होता है और इस प्रकार के नाथपंथी जोगी पंजाब, हैदराबाद, अफगानिस्तान आदि में पाए जाते हैं और उन्हें कभी-कभी नाथपंथी भी कहते हैं। रावलपिंडी संभवतः इन्हीं की बस्ती के कारण नाम पड़ा है।'[14]

मीरा द्वारा स्मृत, चित्रित और संबोधित 'जोगी' परम प्रियतम कृष्ण हैं—यही मान्य लगता है। 'जोगी' उनकी साधना पर नाथपंथी प्रभाव प्रकट करता है। लेकिन इस 'जोगी' को लेकर मीरा ने जो कुछ कहा है वह कुछ और भी संकेत कर सकता है। जिसके विरह में मीरा दुखी हैं और जिसे लेकर मीरा ने ऐसी अचूक अभिव्यक्ति की है, उसका लौकिक

आधार नहीं होगा—यह मानना संभव नहीं लगता। जिसके विषय में मीरा ने यह सीधी पंक्ति लिखी : 'था देख्यां बिण कल णा पड़तां जाणे म्हारी छाती।'[15] वह मीरा के अज्ञात प्रियतम का ज्ञात आधार न होगा ?

मीरा ने जोगी के वियोग में जो कुछ कहा है वह विरहवर्णन की परंपरा में होते हुए भी किंचित् असामान्य है। जोगी की राह देखते हुए बहुत दिन बीत गए, वह आज तक आया नहीं। या तो जोगी जग में नहीं (मर गया है) या उसने मुझे भुला दिया :

कै तो जोगि जग मैं नाहीं कैर बिसारी मोइ (पद 44)

(मीरांबाई की पदावली)

अगर यह 'जोगी' कृष्ण ही हैं तो वह आशंका कि वे जीवित न हों असंगत है।

उस जोगी के विषय में मीरा ने यह भी लिखा—मैं तो जानती थी कि जोगी साथ चलेगा, संग रहेगा। लेकिन वह अधबिच रास्ते में छोड़ गया :

मैं तो जांणू जोगी संग चलेगा छाड़ि गया अधबीच। (पद 55)

(मीरांबाई की पदावली)

मीरा पति की मृत्यु पर सती नहीं हुई थीं। 'अगर चंदन की चिता बनाऊं अपने हाथ जला जा। जल बल भई भस्म की ढेरी अपने अंग लगा जा', उसी की प्रतिक्रिया तो नहीं है ?

इन पदों को देखकर अनुमान लगाया जा सकता है कि मीरा ने अपने गेय पदों में अज्ञात प्रियतम कृष्ण का जो रूप उभारा है, उसमें कहीं न कहीं उनके मृत पति का रूप भी घुल-मिल गया है। पहले मीरा की ऐसी पंक्तियां उद्धृत की जा चुकी हैं जिनसे पता चलता है कि वे अपने पति के ही साथ चलने की मर्यादा को स्वीकार करनेवाली महिला थीं। मृत पति की स्मृति का कृष्ण के रूप में शामिल न होना अस्वाभाविक होगा।

मीरा के 'गिरधर नागर' का जो रूप निर्मित हुआ है उस पर मूर्ति की निर्मात्री का बहुत गहरा प्रभाव है। 'गिरधर नागर' स्थित भावजगत में है लेकिन जिन उपकरणों से उनका निर्माण हुआ है वे इसी जगत् के हैं। वे मीरा के जीवनसंघर्ष से उपजे हैं। उस मूर्ति में मीरा की पीड़ा शमित होकर रूपांतरित हो जाती है। अभाव ही समाप्त नहीं होते। विष बुझता ही नहीं, अमृत में बदल जाता है।

मीरा की पदावली में प्रधानतः मीरा मन की तीन स्थितियां हैं। मीरा ने गेय पदों में ही रचना की। लेकिन इन्हें क्रमबद्ध करके सुविन्यस्त किया जा सकता है। पं. परशुराम चतुर्वेदी ने अपूर्ण सहृदयता का परिचय देते हुए इन्हें पूर्वराग, विरह और मिलन में विभाजित करने का स्तुत्य प्रयास किया है। फिर बच जाते हैं कुछ फुटकल पद।

विरह की स्थिति वह तापगृह है जिसमें पककर मीरा का लौकिक विरहभाव मिलन में, विष अमृत में परिणत होता है। पूर्व राग क्या है—कृष्ण की रूपमाधुरी का विविध

चेष्टाओं में चित्रण-वर्णन है। इसमें नायिका संकोचवश कृष्ण के आमने-सामने नहीं हो सकती। नायिका प्रायः दरवाजे पर खड़ी प्रतीक्षा करती है, कृष्ण आते हैं, चले जाते हैं। वे आते ही हैं तो संकोच ऐसा है कि :

आवत मोरी गलियन में गिरिधारी
मैं तो घुस गई लाज की मारी।

विरह की प्रक्रिया से गुजर कर मिलनसुख की प्राप्ति होती है। लेकिन प्रिय का यह रूप ऐसा है कि लोक का ताप—मीरा के वास्तविक जीवन का संताप दूर कर देनेवाला है, वस्तुतः वह उसी संताप से विपरीत प्रभाव उत्पन्न करने वाला उसी से संबद्ध रूप है। जिस प्रकार मीरा के संताप का कारण तत्कालीन समाज और मीरा की बाह्यांतर स्थितियां हैं, उसी प्रकार प्रिय के शामक एवं सुखद रूप के तत्त्व भी उसी समाज और मीरा की बाह्यांतर स्थितियों में विद्यमान हैं। दोनों परस्पर विरोधी तत्त्व बाह्यांतर यथार्थ में मौजूद हैं जिनसे मीरा का रचनासंसार संबद्ध है।

गिरधर नागर परम सुंदर हैं। उनकी सुंदरता मन को तत्काल मोह लेती है। वह मंद-मंद मुसकाकर देखते हैं तो मन सहसा आकृष्ट कर लेते हैं। उनकी छवि के विषय में मीरा ने विह्वलतापूर्वक अनेक पद लिखे हैं। इस बात को अलग से रेखांकित करने की विशेष आवश्यकता नहीं। वह मुरली तो बजाते ही हैं, उनके वचन भी बहुत मधुर हैं। दुर्जनों की वाणी कड़वी है। उनकी कटु वाणी और हंसी का बयान भी मीरा ने बहुत किया है। मीरा को सास, ननद, देवर, जगत्, पंडित-पुरोहित सबकी कड़वी वाणी सुननी पड़ी थी :

कड़वा बोल लोक जग बोल्या करस्यां म्हारी हांसी। (पद 45)
सास लड़े मेरी नन्द खिजावै राणा रह्या रिसाव। (पद 42)
सासु कह्यां कुलनासां। (पद 36)

(मीरांबाई की पदावली)

और तो और—मीराबाई के पुरोहित रामदासजी भी मीरा को गाली देकर चलते बने थे। मीराबाई का कसूर यह था कि उन्होंने पुरोहितजी से ठाकुरजी का कोई और पद गाने को कह दिया था :

> सो एक दिन मीराबाई के श्री ठाकुरजी के आगे रामदासजी कीर्तन करत हुते सो रामदासजी श्री आचार्य जी महाप्रभून के पद गावत हुते तब मीराबाई बोली जो दूसरो पद श्री ठाकुरजी को गावौं तब रामदासजी ने कह्यो मीराबाई सो जो अरे दारी रांड यह कोन को पद है यह कहा तेरे खसम को मूंड है जो जा आज ते तेरी मुंहड़ौ कबहूं न देखूंगो।

मीरा के प्रियतम मीठा बोलनेवाले हैं। मीरा को इस कड़वे बोलनेवाले जगत् में मीठे बोलवाले प्रिय निश्चय बहुत आकर्षक लगते रहे होंगे। उनकी मीठी बोली सुनते ही

सबदा सुणतां छतियां कापां मीठो थारो वैण ॥ (पद 103)

(मीरांबाई की पदावली)

प्रिय की इस विशेषता को मीरा ने कई स्थानों पर उल्लिखित किया है :

जमण किणारे कान्हां धेनु चरावां वंशी बजावा मीटठा वाणी। (पद 11)
आवो मनमोहना जी मीठो थारो बोल। (पद 100)

(मीरांबाई की पदावली)

जगत् के दुर्जन अबला की हंसी उड़ाते हैं, निंदा करते हैं। मीरा इस संसार में अकेली हैं। जगत् उनके मरण पर भी हंसी उड़ाता है। मीरा का दरद कोई नहीं जानता। वही जानते हैं जो स्वयं घायल हैं, लेकिन ऐसे लोग संसार में हैं कितने? अधिकतर तो लोग हंसी ही उड़ानेवाले हैं। मीरा का विरह असह्य अबला का विरह है। इसीलिए और अधिक करुण और समर्पणशील है। कहीं-कहीं मीरा ने विरह के निहायत शांत एवं एकांत चित्रण किए हैं, जैसे—रात्रि में अकेले कोई दीप जल रहा हो :

री म्हां बैठ्यां जागा, जगत सब सोवा। (पद 86)

(मीरांबाई की पदावली)

ऐसी विरहिणी के प्रिय अबलाओं की अरज सुननेवाले हैं। द्रुपद सुता की लाज रखने वाले, अहल्या परित्यक्ता का उद्धार करनेवाले, भीलनी शबरी का सत्कार करनेवाले, गणिका भक्तिन को तारनेवाले, सुदामा की निर्धनता दूर करनेवाले हैं। भक्ति आंदोलन ने भगवान का जो रूप खींचा था वह दीनबंधु और करुणाकातर था। मीरा ने भी भगवान का जो रूप खींचा है वह उनके और उन जैसे अन्य पीड़ित जनों के काम आनेवाला है :

म्हां सुण्या हरि अधम उधारण
अधम उधारण भव तारण
गज बूड़तां अरज सुण धाधां, भगतां कष्ट निवारण
द्रुपद सुता णो चीर बढ़ायां, दुसासण मद मारण
प्रह्लाद परतग्या राख्यां, हरणाकुस णो उद्र विदारण
थैं रिख पतणी किरपा पायां, विप्र सुदामा विपत विदारण। (पद 137)

(मीरांबाई की पदावली)

भगवान के दो काम हैं : असहायों की सहायता करना और दुःशासन जैसे दुष्टों को दंड देना। पहले और दूसरे—दोनों काम एक-दूसरे से संबद्ध हैं। असहायों की सहायता करने का मतलब ही है उन्हें सतानेवालों को दंडित करना। इसी बात को ध्यान में रखकर आचार्य शुक्ल ने लोकरक्षा की स्थिति लोकरंजन के पूर्व मानी है। लोकरक्षा के बिना लोकरंजन का जो रूप खड़ा किया जाता है वह पूर्ण नहीं होता। मीरा की रचनाओं का क्षेत्र बहुत सीमित है। तुलसी क्या, कबीर और सूर की अपेक्षा भी मीरा का रचना संसार

सीमित है। किन्तु वह किसी की अपेक्षा कम विश्वसनीय नहीं। इसका कारण यह है कि मीरा ने नारीजीवन के वास्तविक अनुभवों को शब्दबद्ध किया। इस वास्तविकता में जो परस्परविरोधिता या विषमता है, वह भी मीरा के यहां भरपूर मौजूद है। रचनाधर्मिता की प्रक्रिया ही ऐसी है कि उसमें विषमता या परस्पर विरोधी तत्त्व चित्रण में स्वत: सिमट आते हैं। कोई अपनी वास्तविक स्थिति निश्छल ढंग से व्यक्त करे तो उसमें सामाजिकता अपने आप खिंच आएगी; क्योंकि व्यक्ति की स्थिति भी विशिष्ट सामाजिक स्थितियों या संदर्भों का परिणाम है। निराला ने 'सरोज-स्मृति' अपनी बेटी पर लिखी। वह एक पिता की अपनी कन्या की अकालमृत्यु पर लिखी गई आत्मकथात्मक रचना है। किंतु 'सरोज-स्मृति' में निराला जैसे लाखों-करोड़ों पिताओं और सरोज जैसी लाखों-करोड़ों कन्याओं की पीड़ा भी अभिव्यक्त है। इसी तरह मीरा ने जब अपनी व्यथा कही तब उन्होंने सिर्फ अपनी ही व्यथा नहीं कही, अपने युग की असंख्य नारियों की, दुखी जानों की व्यथा कही। एक दु:ख दूसरे दु:ख से बहुत जल्दी जुड़ जाता है। मीरा की व्यथा नारीव्यथा थी। वह भक्त थीं—अज्ञात प्रियतम की साधना करती थीं। लेकिन वह घर में ही बैठकर साधना करनेवाली नहीं थीं। वह जब भक्त हो गईं तब अपने आप को भक्त मानती थीं।—स्त्री या पुरुष नहीं। यहीं से उनके संघर्ष का प्रस्थान समझिए। भक्ति अपने आप में व्यक्ति साधना थी। कोई नारी होकर भी नारीत्व से निरपेक्ष हो जाए सांसारिक दृष्टि से—लेकिन समाज उसे नारी मानने से इनकार नहीं करने लगेगा। मीरा नारीत्व के बंधन को त्यागकर बाहर आना चाहती थीं— समाज की रूढ़ियां उन्हें भक्त मानकर व्यक्तिगत साधना के लिए शायद न रोकतीं, लेकिन राणाकुल की सामंती मर्यादा तोड़ने के आज्ञा उन्हें समाज नहीं दे सकता था। यह भक्तिभावना और सामाजिक रूढ़ियों का द्वंद्व था। यह द्वंद्व तीव्र इसलिए था क्योंकि मीरा जैसा व्यक्तित्व भावना को जीवन आचरण में भी उतारना चाहता था। मीरा नारीत्व से मुक्त होकर 'भक्त' ही रहना चाहती थीं। कहते हैं कि वृंदावन के गोस्वामीजी को यह कहकर उन्होंने हतप्रभ कर दिया था कि वृंदावन में तो एक ही पुरुष हैं—कृष्ण। गोस्वामी अपने को पुरुष कैसे मानते हैं ? लेकिन यह केवल भावना की बात थी। समाज जब उनके नारीत्व को लेकर प्रवाद करता होगा, तरह-तरह की बातें करता होगा, कुटिल साधु जैसे लोग भी मिलते ही रहते होंगे, तब मीरा को नारी होने की अनिवार्यता का बोध होता होगा। भावना-जगत् में त्यागा हुआ अबलात्व फिर आता होगा—और वह इस अबलात्व से युक्त होकर उस भगवान की शरण में दुबारा मर्माहत हो जाती होंगी जो अशरण-शरण है;

हरि म्हारो सुणज्यो अरज महाराज।
मैं अबला बल नाहिं गोसाईं राखो अबकै लाज (पद 13)

(मीरांबाई की पदावली)

इन 'हरि', 'गिरिधर नागर,' 'गिरिधर गोपाल' का जो रूप है वह 'राणा' एवं अन्य दुर्जनों

से कहीं अधिक शक्तिशाली रूप है जिनकी शरण में जाकर 'मीरांबाई' इस विषमता से मुक्त हो जाती हैं। वह 'गिरिधर नागर' की चाकर हैं, दासी हैं, वह खड़ी-खड़ी उनसे अरज करती हैं। गिरिधर नागर ऐसे शक्तिमान हैं जो जगत् के ताप से, राणा के कोप से, दुर्जनों की हंसी से उन्हें मुक्ति दिलाते हैं। यह उनका निषेधात्मक रूप है। उनका घनात्मक या विधेयात्मक रूप और अधिक महत्त्वपूर्ण है। वह रक्षक भी हैं और रंजक भी। वह प्रियतम हैं। उनकी छवि देखकर मीरा निहाल हो जाती हैं। गिरिधर नागर शक्ति-शील-सौंदर्य से समन्वित मीरा के ऐसे प्रियतम हैं जो इस जगत् में उन्हें नहीं मिले। वह मीरा के स्वप्न हैं। ये आदर्श पति, प्रियतम, प्रेमी, रक्षक, रंजक इस जीवन-जगत् में नहीं मिले इसीलिए वह पूर्वजन्म के प्रिय हैं, जन्म-जन्मांतर के हैं :

मीरां के प्रभु कबरे मिलोगे, पूरब जणम का साथी

ये प्रियतम मीरा को स्वप्न में मिलते हैं :

नीदड़ी आवां णां सारां रात। कुण विधि होय परभात।
चमक उण सुपुनां लख सजणी, साधु णा भूल्यां जात। (पद 75)
माई म्हाणे सुपणा मां परण्यां दीनानाथ। (पद 27)

(मीरांबाई की पदावली)

यह मीरा के हृदय में ही स्थित हैं। जिस हृदय में सारा ताप है, द्वंद्व है, रोग है, उसी में गिरिधर नागर, रोगों को दूर करनेवाला 'वैद' भी है—स्थिति द्वंद्वात्मक है, रोग और वैद्य दोनों साथ-साथ हैं :

जा घट बिरहा सोई लखि है, कै कोई हरिजन मानै हों
रोगी अंतर वैद बसत है, वैद ही ओखद जाणै हो। (पद 73)

(मीरांबाई की पदावली)

स्वप्न के अलावा यह प्रिय मीरा के हृदय में है। जिस हृदय ने सारा द्वंद्व और ताप झेला है उसने शामक और दुखी जीवन को सुखी करनेवाले 'प्रियतम' का रूप-निर्माण भी किया है। मीरा भावजगत में उस प्रियतम से मिलती हैं। यह भावमिलन सारे भौतिक दुःख, द्वंद्व को सार्थक और श्रेयस्कर बना देता है, विष को अमृत बना देता है। यह अमृत यों ही नहीं मिलता, यह संघर्ष का अमृत है। यह शायद सच्चे ताप और द्वंद्व की मांग, अनिवार्यता और पहचान है। जैनेंद्र ने महोदवी वर्मा के विषय में निहायत ठीक बात लिखी है कि सच्चा घाव घाव की पीड़ा से मुक्ति चाहता है। दुःख की पहचान यह है कि वह दुःख से छुटकारा चाहता है, दुःख से लिप्त रहना चाहे तो समझिए कि दुःख में कोई खोट है : 'दुःख आत्मीय यानी अनुभूति नहीं है।'[16]

बड़े कवि जो द्वंद्व और विषमता का चित्रण करते हैं वे उस द्वंद्व से मुक्त जीवन का स्वप्न अवश्य दिखा देते हैं। यह द्वंद्व की, अनुभूति की प्रामाणिकता है। तुलसी जैसा द्वंद्व

कम कवियों ने अनुभव किया होगा। उन्होंने कलियुग को चीर कर रामराज्य का स्वप्न दिखाया। महान् कबीर ने काल के भास को अकाल पुरुष की कालातीतता—जहां सूर्य नहीं, चंद्र नहीं, काल नहीं, की स्थिति से युक्त किया। कहते हैं कि शेक्सपियर की त्रासदी रचनाएं नई व्यवस्था के संकेत से समाप्त होती हैं।

मीरा का यह स्वप्न प्रिय के मिलन का रूप धारण किए है। इस मिलन-स्थान का प्रतीक वृंदावन है। वहां सब कुछ सुखद है। सारी वांछित स्थितियां उदित हैं। और कुंज-कुंज में सांवरा घूमता है, मुरली का 'सबद' सुनाता हुआ :

आली म्हाणे लागा वृन्दावण नीकां
घर-घर तुलसी ठाकुर पूजा दरसण गोविन्द जी कां
निरमल नीर बह्यां जमणा मां, भोजन दूध दही कां
रतण सिंहासण आप बिराज्यां, मुगट धार्‌यां तुलसी कां
कुंजन-कुंजन फिर्‌या सांवरा, सबद सुण्या मुरली कां
मीरां के प्रभु गिरधर नागर भजण बिणा नर फीकां। (पद 160)

(मीरांबाई की पदावली)

यह वृंदावन भक्ति की दृष्टि से कृष्ण की केलिस्थली, तीर्थ तो है ही, मीरा का हृदय भी है। यही प्रसाद का वृंदावन है। जिसके लिए उन्होंने कामना प्रकट की है : 'ज्वालाओं से दग्ध यह जगत् वृंदावन बन जाए।'

इस 'वृंदावन' में मीरा का गिरिधर नागर से मिलन होता है। राजस्थान की रहने वाली मीरा को वर्षा बहुत प्रिय मालूम होती है। उनके मिलन की आशा के साथ ही वर्षा का रूपक बंधने लगता है। जैसे रेगिस्तान में वर्षा ताप को शांत कर देती है वैसे ही मीरा का जागतिक ताप दूर होने के लिए वर्षा का रूपक बंधने लगता है। मीरा ने होली, बारहमासा भी लिखे हैं। लेकिन प्रिय से मिलने की भावना के साथ उनकी कविता में वर्षा सहज रूप में आ जाती है। वस्तुतः वर्षा उनकी मिलन-सुखद अनुभूति का काव्यबिंब है। ऐसी पंक्तियों में वर्षा स्पर्श, वर्ण, गति ध्वनि सबसे युक्त होकर झंकृता नायिका बन जाती है—झंकृति नादयोजना की :

रे सांवलिया म्हारे आज रंगीली गणगौर, छै जी।
काली-पीली बदली में बिजली चमके, मेघ घटा घनघोर, छै जी।
दादुर मोर पपीहा बोले, कोयल कर रही सोर, छै जी।
मीरां के प्रभु गिरधर नागर, चरणां में म्हारो, जोर छै जी। (पद 145)

(मीरांबाई की पदावली)

लगता है जैसे मीरा सारे लोकापवाद की ध्वनियों को चुनौती दे-देकर इन सुखद ध्वनियों की झंकृति को शब्दायित कर रही हैं—आत्मीयता संवादात्मकता और विश्वास—'छै जी'

(हां है जी) से प्रकट होता है। यहां वर्ण, ध्वनि, रस, स्पर्श—सब मौजूद हैं और अंत में मीरा की यह घोषणा 'चरणां में म्हारो, जोर छै जी' (गिरधर नागर के चरणों में मेरा विश्वास या बल है जी) लोगों ने समझ क्या रखा है ! ताप के शमन और परम तोष की यह ऐंद्रिक अभिव्यक्ति :

बादला रे थे जल भर्‌या आज्यो।
झर-झर बूंदां बरसां आली कोयल सबद सुनाज्यो।
गाज्यां बाज्यां पवन मधुर्‌यो अम्बर बदरां छाज्यो।
सेज सवांरया पिय घर आस्यां सखयां मंगल गास्यो।
मीरां रे प्रभु हरि अविणासी भाग भल्यां जिण पास्यो। (पद 149)

(मीरांबाई की पदावली)

यह भावमिलन की अनुभूति अपने आप ऐंद्रिक बिंबों में व्यक्त हो गई है। यह सर्वांगतोष का चित्र है। भक्ति से प्राप्त तोष भी व्यक्त होने के लिए उन्हीं बिंबों में उतरा है, जिनका सहारा राजकमल चौधरी या कृष्णा सोबती ने लिया है—'बरसात हुई जल भर आया' (मरी हुई मछली) और 'सूरजमुखी अंधेरे में'। कहीं न कहीं शारीरिकता और अशारीरिकता यानी भाव सत्य से जुड़ जाता है। शारीरिक अनुभूति जिस प्रकार तीव्र-सघन होकर अशारीरिक बनती है उसी प्रकार भावजगत की तीव्र अनुभूति भी सघन होकर शारीरिकता में पर्यवसित होती है। लेकिन इससे ज्यादा समानता ढूंढ़ना अनर्थक है। मीरा के यहां संयम की जो जलती हुई आग है वह वर्षा बनी है। राजकमल चौधरी और कृष्णा सोबती में ('सूरजमुखी अंधेरे में') वह अभाव निष्ठा और आग से रहित है। यह शरीर की आग है। वर्षा बाहर की है। मीरा के यहां शरीर की आग नहीं, भावनिष्ठा और संयम की आग है और वर्षा बाहर से नहीं आई, संयम-निष्ठा से ही उत्पन्न हुई है। संयम और निष्ठा की आग ने ही वर्षा का रूपक ले लिया है। यह प्रसंग न चाहते हुए भी अनेक कारणों से विवश होकर उठाना पड़ा। संयम और निष्ठा की इस शक्ति का स्रोत भक्ति है। इस भक्ति और आस्था के अभाव से संयम की शक्ति नहीं मिल सकती। इस आस्था और संयम को प्राप्त करने के लिए आधुनिक लेखकों को अपने समय की प्रभावी ऐतिहासिक विचारधारा से जुड़ना पड़ेगा।

कविता और जीवन का संबंध जरूर होता है, किंतु यह संबंध सब समय सीधा-सरल नहीं होता कि रचनाकार के जीवन और उसकी कला में यांत्रिक तौर पर तालमेल बिठाया ही जा सके। अंतःकरण की गति बाह्येन्द्रियों की गति से बहुत तेज और भिन्न है। उसमें ऐसा बहुत कुछ होता रहता है जो कभी नहीं भी प्रकट होता। जो प्रकट नहीं होता, उसका भी प्रकट चेष्टाओं पर बहुत गहरा प्रभाव पड़ता है। अतः मीरा के जीवन और मीरा के काव्य में परस्पर संबंध सर्वत्र नहीं दिखाया जा सकता। लेकिन इसका यह मतलब नहीं कि जीवन और रचना का संबंध नहीं होता या ऐसा संबंध ढूंढ़ना निरर्थक है।

कुछ पाश्चात्य आलोचकों ने और उनकी देखा-देखी हिन्दी के भी कुछ आलोचकों ने ऐसे प्रयत्नों को निरर्थक या हास्यास्पद तक समझा है। लेकिन हिंदी साहित्य पर विचार करें तो भक्तिकालीन कवियों, छायावादी कवियों और प्रगतिशील कवियों की रचनाओं का उनके जीवनसंघर्ष से गहरा संबंध अवश्य प्रकट होता है। यह संबंध सर्वत्र नहीं स्थापित हो पाता—इसे फिर से कहने की जरूरत नहीं। इस संबंध स्थापन में बहुत सतर्कता की जरूरत है।

भक्तकवियों की रचनाओं से उनके सिद्धांत और जीवन का तालमेल बिठाने में थोड़ी-बहुत सुविधा इसलिए होती है कि वे अपनी आस्था को कविता से बड़ा मानते थे। वे कथ्य को वाणी से अधिक महत्त्व देते थे। जहां अवसर मिलता था अपने विषय में भी दो टूक बातें करते थे। उन्होंने कविता में अपने विचारों को, जीवन-जगत् संबंधी अपनी प्रतिक्रिया को सीधे तौर पर अभिव्यक्त किया है।

मीरा ने प्रभूत मात्रा में रचना नहीं की, लेकिन फिर भी उन्होंने अपने विषय में पर्याप्त लिखा है। उनकी रचनाओं से उनके बाह्यांतर संघर्ष का पता चलता है। उनके विषय में बाह्य साक्ष्य प्रामाणिक-अर्धप्रामाणिक किंवदंतियां, वार्ताएं मिलती हैं। उनसे उनकी रचना सुसंबद्ध मालूम पड़ती है।

'भक्तमाल' के रचयिता नाभादास तुलसीदास के समकालीन थे। वह आधुनिक आलोचक नहीं थे। उनका उद्देश्य भक्तिन मीरा के जीवन का एक ही छप्पय में परिचय देना था। उन्हें मीरा की कविता से कोई खास सरोकार नहीं था। नाभादास ने मीराबाई के विषय में लिखा :

> सदृश गोपिका प्रेम प्रगट कलि जुगहिं दिखायो।
> निरअंकुश अति निडर, रसिक जस रसना गायो।
> दुष्टनि दोष विचारि, मृत्यु को उद्यम कीयो।
> बार न बांको भयो, गरल अमृत ज्यों पीयो।
> भक्ति निसान बजाय कै काहू ते नाहिन लजी।
> लोकलाज कुल श्रृंखला तजि मीरा गिरिधर भजी।

मीरा की मृत्यु का दुष्टों ने उद्यम किया, उन्हें विष देने का प्रयत्न किया गया। उन्होंने कलियुग में गोपिकाओं जैसा प्रेम प्रकट किया। वे निरंकुश-निडर थीं। लोक-लज्जा, कुल की श्रृंखला उन्होंने तोड़ी। यह सब नाभादास ने लिखा—यह उनके जीवन का परिचय है। यह सब उनकी कविता में है कि नहीं। जिस लोक-लाज, कुल-श्रृंखला तोड़ने की विशेषता को नाभादास ने रेखांकित किया है उसी पदावली से मीरा की रचनाएं भरी हैं। कितनी पंक्तियों में मीरा ने 'लोक-लाज तजि नाची' की उक्ति दुहराई है!

मीरा के व्यक्तित्व और उनकी रचनाओं के बारे में एक बात और उल्लेखनीय है। मीरा को उनके जीवनकाल में उच्च एवं मध्य वर्ग संरक्षणशील रूढ़िग्रस्त समाज में बहुत

आदर की दृष्टि से नहीं देखा गया था। उन्हें कड़वे बोल सहने पड़े थे। पंडित परशुराम चतुर्वेदी की सूचना का उल्लेख किया जा चुका है कि उस समय ही नहीं, आज भी ऐसे लोग हैं जो मीरा के प्रति आदर की भावना नहीं रखते। उस समय क्या हालत रही होगी—इसकी कल्पना की जा सकती है।

दूसरी ओर ऐसा भी वर्ग है जो बहुत साक्षर नहीं, लगभग अनपढ़ ही होगा। लेकिन उन अवर्णों में मीरा की रचनाएं परंपरा से लोकप्रिय रही हैं। ये लोग भी राजस्थान के ही हैं।

डॉ. पद्मावती 'शबनम' ने अपने प्रसिद्ध ग्रंथ 'मीरा : व्यक्तित्व और कृतित्व' में लिखा है कि 'लोकसाहित्य विद्यालय गिरिनार से प्राप्त सूचना के अनुसार मीरा के पद अधिकांशतः भील एवं निम्नवर्ग से ही प्राप्त होते हैं।'[17]

भीलों और निम्नवर्ग में मीराबाई की रचनाएं इतनी लोकप्रिय क्यों हुईं? राणाकुल की बहू मीरा ने रैदास या रैदासी परंपरा के किसी चमार संत को अपना गुरु क्यों बनाया? इसका संबंध भक्ति आंदोलन की मूल मानवीय भावना से—जो धर्म के सहारे अभिव्यक्त हो रही थी, और इस मानवीयता का संबंध मीरा की रचनाओं से है कि नहीं? मध्यकाल की, राणाकुल की कोई स्त्री निरंकुश अति 'निडर' होकर लोकलाज, कुल-श्रृंखला तज दे, चमार को अपना गुरु बनाए। लेकिन कविता करने बैठे तो इसका कोई प्रभाव उसकी रचनाओं पर न पड़े—ऐसा वही मानेंगे जो कविता को जादू समझते हैं जिससे जीवन की सारी समस्याएं कलम हाथ में लेते ही छूमंतर हो जाती हैं।

भक्त कवियों को सगुण निर्गुण की धाराओं में बांटने का रिवाज है। इसलिए, मीराबाई के विषय में भी ऐसी जिज्ञासा की जाती है। कहते हैं कि वह रैदास की शिष्या थीं। श्री वियोगी हरि के अनुसार मीराबाई के सिद्ध गुरु जीव गोस्वामी थे।[18] मीरा की कविताओं से उनके संप्रदाय का पता चला पाना दुष्कर है। संभव है कि उन्होंने किसी को गुरु बनाया भी हो तो उसका निश्चित पता नहीं चलता। संभवतः वे अनेक महापुरुषों से प्रभावित हुईं। वे सुनकर या केवल सिद्धांत से प्रभावित होने के बजाय अपनी आंखों और अपने हृदय पर अधिक विश्वास करती थीं। इसीलिए उनकी कविताओं में सांप्रदायिकता या संकीर्णता नहीं। उनकी रचनाओं पर निर्गुण, सगुण, सूफीमत, नाथपंथ—सबका प्रभाव दिखलाई पड़ता है। हिन्दी में शायद ही कोई और रचनाकार मिले जो इस क्षेत्र में मीरा से अधिक उदार हो। कबीर पर सगुण मतवाद का प्रभाव नहीं, क्योंकि वे भगवान के लीलामय रूप का वर्णन नहीं करते। लगता है कि जैसे मीरा किसी धार्मिक संप्रदाय में दीक्षित न हों। मुझे लगता है कि 'चौरासी वैष्णवन की वार्ता' में मीराबाई और रामदास पुरोहित के जिस झगड़े का उल्लेख है, वह यही संकेतित करता है कि मीरा किसी संप्रदाय विशेष से ही बंध कर नहीं रह सकती थीं।

मीरा की रचना देखकर लगता है कि उन्होंने विभिन्न संप्रदायों के मतवादों को

ध्यान में न रखकर अनुभूति पर ही बल दिया है । मीरा ने किसी मतवाद पर आक्रमण भी नहीं किया। सूरदास तक ने निर्गुण मतवाद पर गोपियों द्वारा आक्रमण करवाया है। इस प्रकार मीरा की रचनाओं में (1) सभी मतवादों का प्रभाव है। वे निर्गुण ब्रह्म की, सगुण ब्रह्म की उपासना करती हैं, जोगी को संबोधित करती हैं, एकाध पदों में नाथपंथी साधना का भी प्रभाव ग्रहण करती दिखलाई पड़ती हैं, उनकी विरह-उत्कटता सूफियों के समान है। (2) वे किसी मतवाद पर आक्रमण नहीं करतीं। यह अनाक्रमण धार्मिक कवियों में बहुत कम है। सुनने में चाहे जैसा लगे लेकिन सच यह है कि मध्यकालीन धर्मसाधक कवि अपने मत का प्रचार और विरोधी मत या मतों पर प्रहार करने में ढील या लिहाज नहीं बरतते। इन दोनों बातों से इस अनुमान को पर्याप्त आधार मिल जाता है कि मीराबाई किसी संप्रदाय में दीक्षित नहीं थीं—दीक्षित रही भी हों तो इस विषय में वे संकीर्ण बिलकुल नहीं थीं। वह घर की चारदीवारी तोड़कर बाहर निकली थीं तो किसी प्रकार की संकीर्णता में बंधना उनके लिए स्वाभाविक भी नहीं था।

युग विशिष्ट में अनुभूति की अभिव्यक्ति किसी प्रचलित प्रवृत्ति का सहारा लेती है। यह प्रवृत्ति किसी साहित्येतर आंदोलन पर आधारित हो सकती है या किसी शुद्ध साहित्यिक प्रवृत्ति पर भी। मध्यकाल में भक्ति आंदोलन और अनेक भक्ति पूर्व आंदोलन इसी प्रकार अभिव्यक्ति के आधार बने। रीतिवाद शुद्ध साहित्यिक प्रवृत्ति थी। वह भी अभिव्यक्ति को सहारा देती थी। ऐसा लगता है कि मीरा के यहां जो विभिन्न मतों का प्रभाव दिखलाई पड़ता है वह अभिव्यक्ति का सहारा या माध्यम मात्र बनकर आया है। कबीर, सूर, तुलसी, जायसी की कविताओं में उनके धार्मिक मत का प्रचार प्रमुख उद्देश्य है। मीरा की रचनाओं में धार्मिक मतवादों की यह भूमिका नहीं। वह धार्मिकता को अनुभूति-अभिव्यक्ति का सहारा भर बनाती हैं। वह चाहे जिस मतवाद का सहारा लें, प्रमुखता विरह या संयोग की ही होती है। इस दृष्टि से उन्हें भक्तिकालीन रचनाकारों में विशिष्ट माना जाना चाहिए। आधुनिक युग में भी महिला लेखिकाएं प्रायः किसी वाद के चक्कर में नहीं पड़तीं। वह विभिन्न आंदोलनों या प्रवृत्तियों को स्वीकार किए बिना तो रचना नहीं कर सकतीं, किंतु उनके यहां इन वादों या प्रवृत्तियों का सत्याग्रह या दुराग्रह नहीं होता। सुभद्राकुमारी चौहान, कृष्णा सोबती, मन्नू भंडारी, ममता कालिया सभी के यहां यह बात लागू होती है। स्नेहमयी चौधरी की कविताओं में नई कविता का रीतिवाद कहीं-कहीं तो मिल जाएगा, किंतु आग्रह प्रवृत्ति पर नहीं अनुभूति पर मिलेगा। रीतिवाद से इसीलिए इन महिला रचनाकारों की रचनाएं अपेक्षाकृत मुख्य हैं।

संदर्भ

1. डॉ. पद्मावती 'शबनम' : 'मीरा : व्यक्तित्व और कृतित्व', पृ. 150
2. 'श्री भक्तमाल सटीक वार्तिक प्रकाशयुक्त', पृ. 701
3. परशुराम चतुर्वेदी : 'मीरांबाई की पदावली', पृ. 20-21
4. वही, पृ. 21
5. 'मीरा : व्यक्तित्व और कृतित्व', पृ. 46
6. 'मीरांबाई की पदावली', पृ. 23 पर देवीप्रसाद मुंसिफ का उद्धृत मत
7. 'मीरा : व्यक्तित्व और कृतित्व', पृ. 500 पर उद्धृत तथ्य
8. 'श्री भक्तमाल सटीक वार्तिक प्रकाशयुक्त', पृ. 698
9. 'मीरांबाई की पदावली', पद सं० 52, 64, 113
10. वही, पद सं. 43
11. वही, पद सं. 46, 53, 54, 57, 58
12. वही, पद सं. 97
13. वही, पद सं. 225
14. 'मीरा : व्यक्तित्व और कृतित्व', परिशिष्ट 12
15. 'मीरांबाई की पदावली', पद सं. 21-26
16. शचीरानी गुर्टू (सं.) : 'महादेवी वर्मा', जैनेंद्र का लेख
17. 'मीरा : व्यक्तित्व और कृतित्व,' परिशिष्ट 13
18. वही, पृ. 193

मीरा की कविता

मीरा मध्यकालीन भक्त कवयित्री हैं। उनकी कविता में भक्तिभावना की अभिव्यक्ति हुई है। लेकिन वे मध्यकालीन सामंती व्यवस्था की पीड़ित नारी, भक्त कवयित्री हैं। इस पीड़ित नारीत्व को भूलकर उनकी कविता को हृदयंगम नहीं किया जा सकता। मध्यकाल का पुरुष कवि भक्त होने के लिए 'जाति-पांति, धन, धरम, बड़ाई' छोड़ता था तो स्त्री को 'लोक-लाज, कुल-श्रृंखला' तोड़नी पड़ती थी। यह श्रृंखला मीरा की कविता में बहुत महत्त्वपूर्ण है। वे भक्तिभावना की अभिव्यक्ति करते समय, सुंदर से सुंदर दृश्य का, 'गिरधर नागर' की मोहकता का, चित्रण करते समय भी इस श्रृंखला में बंधे होने की अनुभूति को व्यक्त करती हैं। मीरा की रचनाओं में लोक-लाज, कुल को तोड़ने की बात बहुत बार आई है। यह अकारण नहीं। यह उस बंधनग्रस्त मध्यकालीन नारीमन की अभिव्यक्ति है जिसके विषय में तुलसी ने लिखा था—विधाता ने नारी को क्यों सिरजा, उस पराधीन को सपने में भी सुख नहीं मिलता :

कत बिधि सृजी नारि जग माहीं। पराधीन सपनेहु सुख नाहीं॥

तुलसी नारीपराधीनता का कारण संभवतः न समझते रहे हों, लेकिन वह पराधीन है और उसे सपने में भी सुख नहीं मिलता, यह देखते और महसूस करते थे।

मीरा ने कृष्ण के प्रति प्रेम का जो चित्रण किया है, वह ऐसी नारी का चित्रण है जिसके प्रेम में समाज कदम-कदम पर बाधा पहुंचाता है। वह मीरा को बरजता है, हटकता है और जब मीरा नहीं मानतीं तो उन्हें 'भटकी' या 'बिगड़ी' घोषित कर देता है :

थारो रूप देख्यां अटकी
कुल कुटुम्ब सजण सलक बार-बार हटकी।

....

म्हारो मण मगण स्याम लोक कह्यां भटकी। (पद 9)
मीरा गिरधर हाथ बिकाणी, लोग कह्यां बिगड़ी। (पद 14)

(मीरांबाई की पदावली)

मीरा की भावना उस समाज की नारी की भावना है जहां नारी अपने प्रेम की अभिव्यक्ति सहज तौर पर नहीं कर सकती। इस वर्जनापूर्ण समाज में मीरा के प्रेम की अभिव्यक्ति कैसे हो?

मैं अपने घर में खड़ी थी, मोहन आ निकले। उनका चंद्रमुख प्रकाशित था, मंद-मंद

मुस्करा रहे थे। सभी कुटुंब ने बरजा, बनाकर बोल बोला। चंचल नैनों ने अटक नहीं माना, वे पराए हाथ बिक गए। किसी ने भला कहा, किसी ने बुरा। सब सीस पर चढ़ा लिया :

म्हां ठाढ़ी घर आपणे मोहन निकल्यां आय।
बदन चंद परगासतां, मंद-मंद मुसकाय।
सकल कुटुंब बरजतां, बोल्या बोल बणाय।
णेणा चंचल अटक णा माण्या; पर हाथ गयां बिकाय।
भलो कह्यां कांई कह्यां बुरोरी सब लया सीस चढ़ाय। (पद 13)

(मीरांबाई की पदावली)

मीरा की कविता में बाधक स्थितियों और उन्हें पार करके प्रिय से मिलने की इच्छा का चित्रण अनेकशः मिलता है। घर की चारदीवारी में जकड़ी हुई वर्जित भावन जैसे बंधनों को तोड़कर बाहर निकल आना चाहती हो :

हेली म्हासूं हरि बिनि रह्यो न जाय।
सास लड़े मेरी ननद खिजावै, राणा रह्या रिसाय।
पहरो भी राख्यो, चौकी बिठाइयो, ताला दियो जड़ाय।
पूर्व जनम की प्रीत पुराणी, सो क्यूं छोड़ी जाय। (पद 42)
रैण पड़ै तब ही उठि जाऊं भोर गए उठि आऊँ। (पद 20)
मीरा तो गिरधर बिन देखे कैसे रहे घर बसि के। (पद 7)

(मीरांबाई की पदावली)

मीरा की यह पंक्ति भी प्रसिद्ध है :

गली तो चारों बंद हुई हैं मैं हरिसूं मिलू कैसे धाय।

घर में ताला लगा है, पहरा बैठा है, गली के दरवाजे बंद हैं प्रिय से मिलना कैसे हो ?

मीरा के यहां स्थिति प्रायः ऐसी मिलती है कि वे घर में ही रहती हैं, बाहर प्रिय दिखलाई पड़ता है, वे खुद उससे नहीं मिल सकतीं। प्रिय छोड़कर चला गया है, वे उसकी प्रतीक्षा कर रही हैं। वे स्वयं प्रिय के पास पहुंच नहीं सकतीं। ऊपर से सास, ननद और लोग बुरा-भला कहते हैं। यह दरद कोई और समझ नहीं सकता, वही समझेगा जो स्वयं घायल हो—यह सब स्थिति ठेठ मध्यकालीन भारतीय नारी की है। मीरा भक्त थीं। लेकिन नारी भी थीं। वह भगवान के पास अपने नारीत्व को छोड़कर नहीं, उसके साथ जाती हैं। अपने देश-काल की सामान्य नारी स्थिति के साथ जाती हैं। यह उनकी भावनाओं की प्रामाणिकता का सबसे महत्त्वपूर्ण लक्षण है।

मीरा अपने घर में ही रहने पर विवश हैं। ऐसी स्थिति में किसी प्रकार दूर से प्रिय को देखने की ही इच्छा की पूर्ति संभव है। आंखें शरीर से काफी दूर इधर-उधर जा सकती

हैं। शरीर विवश हो तो भी आंखें तृप्त हो सकती हैं। हमारी जबान पर ताला पड़ा हो तब भी आंखें बोल लेती हैं। हम अपना दु:ख न कह पाएं, आंखें कह लेती हैं। आंखें विवश और प्रतीक्षातुर व्यक्ति का बहुत विश्वसनीय साधन हैं। मीरा की कविताओं में प्रतीक्षातुर आहत नयनों का बहुत चित्रण है। घर में ही रहने के लिए विवश, बाहर दौड़कर प्रिय से न मिल सकनेवाली नारी की आंखों का वर्णन साहित्य में अकारण नहीं। नयनों की चंचलता, आतुरता के भी सामाजिक और सामाजिकता से जुड़े व्यक्तिगत वास्तविक कारण हैं। प्रिय से मिल न पानेवाली नारी के लिए आंखें बहुत बड़ा वरदान हैं। मध्यकाल की और आधुनिक काल की भी, सामान्य नारीस्थिति की भावनाओं को व्यंजित करनेवाली कविता में नयनों की चेष्टा बहुलता का चित्रण लगभग अनिवार्य है :

बस्यां म्हारे णेणण मां नंदलाल। (पद 3)
तनक हरि चितवां म्हारी ओर।
हम चितवां थें चितवो णा हरि हिवड़ों बड़ो कठोर। (पद 5)
म्हारे णेणा निपट बंकठ छब अंटके। (पद 10)
आली री म्हारे णेणां बाण पड़ी।
कब री ठाड़ी पंथ निहारां, अपने भवण खड़ी। (पद 14)
निस दिन जोवां बाट मुरारी; कबरो दरसण पावां। (पद 69)

(मीरांबाई की पदावली)

प्रतीक्षातुर व्यक्ति के लिए नयनों की ही तरह श्रवण भी बहुत काम की इंद्रिय हैं। घर में रहकर अपने दरवाजे, छत पर खड़ी प्रिया अपने प्रिय को देख सकती है, उसकी बोली सुन सकती है। प्रिय यदि वंशी बजाता हो तब तो बहुत दूर से ही वंशी-ध्वनि सुन सकती है। कभी-कभी श्रवण, नयनों के स्थानापन्न हो जाते हैं। कहते हैं सूरदास ने कृष्ण की बांसुरी की महिमा इसलिए भी बहुत गाई है क्योंकि वह देख नहीं सकते थे। नयनों के विषय को उन्होंने श्रवणों का विषय अधिक बनाया। भागवत में गोपियों को वेणुध्वनि में जो इतना तल्लीन चित्रित किया गया है, उसका भी बहुत बड़ा कारण भारतीय नारी की वह विवश स्थिति है जिसे गोपियों के द्वारा प्रकट किया गया है। गोपियां भी लोकलाज, कुल की मर्यादा उसी प्रकार तोड़ती हैं, जिस प्रकार मीरा। श्रवण और नयन दोनों कृष्ण की आवाज, वंशी की ध्वनि, एवं उनका रूप सुनने तथा देखने को आतुर रहते हैं। यह और बात है कि श्रवण एवं नयन सुन-देखकर पहले से अधिक आतुर हो जाते हैं। सौंदर्य हमें विक्षुब्ध करता है। सौंदर्य का प्रत्येक विषय अमूर्त सौंदर्य का प्रतीक बनकर रह जाता है और हमें अरूप की ओर उन्मुख कर देता है। यह अरूप भावलोक में रूपायित होता है।

जमणा किनारे कान्हा धेनु चरावां, वंशी बजावां मीट्ठा वाणी (पद 11)
बिन्द्रावण मां धेण चरावां मोहन मुरली वालो। (पद 154)
बंसी बजावां कान्हां, संग लियां बलवीर। (पद 161)

मुरली धुण सुण बीसरां म्हारो कुणबो गेह। (पद 105)

(मीरांबाई की पदावली)

घर की चारदीवारी में बंद घुटनेवाली स्त्री को इच्छित रूप देखने का अवसर जितना ही कम मिलता है, देखने पर उसका प्रभाव उतना ही तीव्र होता है। प्रभाव की तीव्रता का प्रमाण रूप की विशिष्टता यानी चित्रात्मकता है। ऐसी चित्रात्मकता प्रायः स्थिर नहीं गत्वर होती है। गत्वर या सक्रिय बिंब स्थिर बिंबों से अधिक विश्वसनीय, अतः प्रभावशाली होते हैं। मीरा ने कृष्ण का जो चित्र खींचा है वह कल्पित है। कृष्ण की वेशभूषा—पीतांबर, मोहनमाला, वैजयंती माला, मुरली आदि तो उन्हें परंपरा से प्राप्त हुई थी, लेकिन उनकी चेष्टाएं आदि का जागतिक आधार होगा। कृष्ण का परंपरागत चित्र तभी मीरा के अनुभव में जुड़ सका होगा। मीरा ने कृष्ण की जो रूपमाधुरी अंकित की है वह विशिष्ट और काफी मादक है। कृष्ण को स्थिर रूप में कम, चेष्टाशील रूप में अधिक चित्रित किया गया है। इससे रूपचित्रण में नाटकीयता आ गई है। नाटकीयता से यहां तात्पर्य अभिनेयता से है—अर्थात् मीरा ने कृष्ण को जिस रूप में चित्रित किया है उसका अभिनय किया जा सकता है। इस नाटकीयता का द्वंद्व रूप से प्रभावित होनेवाले नारी मन में होगा। आकर्षण कृष्ण का रूप नारी की घुटती हुई जिंदगी की कुरूपता के विरुद्ध स्थित होगा। मीरा की प्रेमासक्ति का आलंबन जो कृष्ण रूप है, जिसमें उनके लोभी नयन अटक फिर वापस न आ सके, यानी उसी रूप में संलग्न रह गए, उसका अनुभव मीरा को जिस परिस्थिति में हुआ वह द्रष्टव्य है :

म्हां ठाढ़ी घर आपणे मोहन निकल्यां आय। (पद 13)

(मीरांबाई की पदावली)

एक अन्य स्थान पर मीरा ने लिखा :

कब री ठाढ़ी पंथ निहारां अपने भवन खड़ी। (पद 14)

(मीरांबाई की पदावली)

मीरा ने प्रिय के नख-शिख सौंदर्य को रोम-रोम से देखा। वे ललक-ललक अकुलाने लगीं। यदि बाहर निकलकर उससे मिल सकतीं तो ललक-ललक कर अकुलाने की तीव्रता इतनी सघन न होती। यह सघन संवेदन है इसलिए चित्र इतने विशेष रूप से हृदय में अंकित हो गया है :

बदन चंद परगासता, मंद मुसकाय। (पद 13)
मोर मुगट मकराकृत कुण्डल अरुण तिलक सोहां भाल।
मोहन मूरत सांवर सूरत णेणा वण्या विशाल।
अधर सुधारस मुरली राजा, उर बैजंती माल। (पद 3)

गहे द्रुम डारि कदम की ठाड़ो मृदु मुस्काय म्हारी ओर हंस्यो ।
पीतांबर कट काछनी काछे, रतन जटिल माथे मेकुट कस्यो । (पद 8)
हे मा बड़ी-बड़ी अंखियन वारो, सांवरो मो तन हेरत हंसि के ।
भौह कमान बान बांके लोचन, मारत हियरे कसि के । (पद 7)

(मीरांबाई की पदावली)

इसी रूप से आकृष्ट होकर मीरा घर से बाहर निकलने पर विवश हो गई थीं। कृष्ण गली में से निकल जाते हैं, घर में आते नहीं। उन्हें देखे बिना मीरा घर में कैसे पड़ी रहें— 'मीरा तो गिरधर बिन देखे कैसे रहे घर बसि के।' घर से बाहर निकलने के कारण ही उन्हें खलों का कोपभाजन बनना पड़ा था। यह रूप भगवान का है, किसी लौकिक पुरुष का नहीं। यदि मीरा को भगवान के ही रूप की पूजा करनी थी तो वे घर में रहकर यह सब कर सकती थीं। इसमें किसी को कोई आपत्ति न होती। लेकिन मीरा भगवान का भजन भी करना चाहती थीं और साधु-संगति भी। इस साधु-संगति के कारण ही राणा को क्रोध आया होगा। इससे प्रकट होता है कि मीरा की भक्तिभावना उतनी वैयक्तिक या ऐकांतिक नहीं थी जितना कि प्रायः समझ लिया जाता है। लोगों का ध्यान इस ओर कम गया है कि तुलसी, कबीर के समान मीरा में भी दुष्टों और भक्तिविरोधियों के प्रति तीव्र घृणा का भाव है। फिर वह विरोधी चाहे राणा ही क्यों न हों। मीरा ने मुक्तक रचे हैं, वे आत्मनिवेदन करनेवाली कवयित्री हैं। लेकिन भक्ति ने उन्हें काफी सामाजिक बना दिया था। उन्होंने लिखा—मूर्ख लोग सिंहासन पर बैठकर राजा बने हैं, विद्वान् दर-दर भटक रहे हैं। राणा भक्तों का संहार करता है :

मूरख जण सिंघ सण राजा, पंडित फिरता द्वारां
मीरा रे प्रभु गिरधर नागर राणां भगत संघारां । (पद 190)

(मीरांबाई की पदावली)

मीरा केवल विरहिणी होतीं किसी रीतिकालीन नायिका की भांति, तो वे सिंहासनासीनों को मूर्ख कहने की आवश्यकता न अर्जित कर पातीं।

निस्संदेह मीरा ने आत्मनिवेदन किया है। लेकिन उनका 'आत्म' सामाजिकता और संघर्ष युक्त है। इसीलिए वह इतना प्रभावशाली है। सच्चाई की बहुत बड़ी पहचान यह है कि वह संघर्ष और विरोध आमंत्रित करती है। यह संघर्ष मीरा ने भी झेला था : 'निर अकुंश अति निडर रसिक जस रसाना गायो।'

मीरा का काव्य विरहप्रधान है। जगत्सुख यों भी मीरा को कम ही मिला था। कृष्ण से मिलने की आतुरता ही उनके काव्य का प्रधान विषय है। इस आतुरता की अभिव्यक्ति मुक्तक गेय पदों में ही संभव थी। मीरा के विरह का रूप प्रधानतः प्रतीक्षा है, जिस प्रियतम के रूप ने उन्हें विह्वल कर रखा है, वह मिलता नहीं। वह आने का वादा करके चला गया है, नेह की नौका मझदार में डाल कर चला गया, वह लगन लगा कर

चला गया है, उसने अपना मन काठ कर लिया है। मीरा उसे कभी 'जोगी' भी कहती हैं। जोगी घर से विरक्त होकर चला गया है, वह किसी का मीत नहीं। उसे खोजने के लिए मीरा 'जोगन' हो जाना चाहती हैं, उनकी सूरत मन में बसी है और उसके बिना रात को नींद नहीं आती। उसके बिना जगत् निस्सार है। मीरा बार-बार उससे घर आने की प्रार्थना करती हैं। वह आता नहीं।

भक्त के लिए वह प्रियतम भगवान है। इस प्रियतम का रूप मीरा के यहां इतना आत्मीय है कि लगता है जैसे प्रिय-विषयक उनकी कल्पना ने यथार्थ का रूप धारण कर लिया हो। जो मीरा का इतना आत्मीय हो गया है वह अरूप एवं निराकार हो भी, तो जिन गुणों, स्थितियों का आरोप भगवान पर किया गया है, वह किसी परिचित व्यक्तित्व का ही होना चाहिए। संभावना इसी बात की है कि या तो यह परिचित व्यक्तित्व उदात्तीकृत होकर भगवान के रूप में पर्यवसित हो गया है, या भगवान पर ही उसके गुणों का आरोप कर दिया गया है।

जो भी हो, परिचित स्थितियों एवं गुणों से युक्त प्रियतम का रूप मीरा के यहां निश्चित हो गया है। इसका परिणाम यह हुआ कि मीरा की विरह अनुभूति भी परिचित एवं लोकसामान्य हो गई। इससे मीरा की अभिव्यक्ति विश्वसनीय तथा स्वाभाविक हो गई है। स्वाभाविकता परिचित और विश्वसनीय स्थितियों से निर्मित होती है। इन परिस्थितियों का आधार अपरिचित एवं अरूप नहीं हो सकता। मीरा की रचनाओं का जो सीधा प्रभाव पड़ता है, जिसे निश्छल और अकुंठ अभिव्यक्ति कहा जाता है, वह इन स्वाभाविक स्थितियों की अभिव्यक्ति का ही दूसरा नाम है। इसीलिए इस अभिव्यक्ति का इतना सीधा प्रभाव पड़ता है। इस स्वाभाविकता का प्रतिफलन गेय पदों की रचनात्मक संगति और अन्विति में हुआ है जो इस विधा के उत्कर्ष का निर्णायक तत्त्व है। इससे पंक्तियों में स्पष्टता और स्थितियों की तर्कसंगत परंपरा आ गई है। यह अनुभूति की उपज है और अनुभूति उत्पन्न करती है। निरलंकृति इस अभिव्यक्ति की अनिवार्यता है। यह निरलंकृति गीत गोविंद, कबीर, विद्यापति, सूर, तुलसी, मीरा सभी के गेय पदों की विशेषता है। जहां यह निरलंकृति नहीं रहती वहां गेय पदों का उत्कर्ष क्षीण हो जाता है। याद रखिए अनुभूति एक प्रक्रिया है जिसका निश्चित विधान होता है। यह विधान संगति के बिना नहीं निर्मित होता। इस प्रक्रिया में कहीं कुछ छूट जाता है तो वह सहृदय के चित्त में जुड़ जाता है। उत्कृष्ट स्थलों पर तो कुछ जरूर छूट जाता है। कुछ यानी रचनाप्रक्रिया की दृष्टि से अनावश्यक। अनावश्यक छूट जाने से अनुभूति की सघनता अभिव्यक्त हो जाती है। यह संक्षिप्तता या अत्यंत अनिवार्य कथनता सीधा एवं अचूक प्रभाव उत्पन्न करती है। अभिव्यक्ति ऐसे स्थलों पर परम सफल होती है। मध्यकालीन भक्तकवियों की रचनाएं सरल हैं और हृदय पर सीधी चोट करती हैं। वे भावनापूरित हृदय की विवश अभिव्यक्ति हैं जो श्रोताओं, पाठकों को सीधे प्रभावित करती हैं :

हेरी म्हा तो दरद दिवाणां म्हारां दरद न जाण्यां कोय।
घायल री गत घायल जाण्यां हिवड़ो अगम संजोय।
जौहर की गत जौहर जाण्यां क्या जाण्यां जिण खोय।
दरद की मारयां दर दर डोल्यां बैद मिल्यां णा कोय।
मीरा री प्रभु पीर मिटांगा जब बैद सांवरो होय। (पद 70)

(मीरांबाई की पदावली)

मीरा की ये प्रसिद्ध पंक्तियां बहुत सीधी-सादी हैं। लेकिन इतनी प्रभावशाली क्यों हैं? 'दरद-दिवाणां' के 'दरद' को कोई नहीं जानता, यही बात इस पद में कही गई है। पद की पहली पंक्ति में कहा गया कि 'दरद-दिवाणां' का दरद कोई नहीं जानना। दूसरी पंक्ति में कहा गया घायल की गति घायल ही जानता है। 'दरद दिवाणां' का 'दरद' अनुभूति है। अनुभूति अनिर्वचनीय है। सामान्यतः शब्द संकेतित या सूचित करते हैं। वे अनुभूति की जीवंत थरथराहटों को ज्यों का त्यों संप्रेषित नहीं करते। संप्रेषित करने का मतलब यह कि सुननेवाले के मन में वही विक्षोभ नहीं उत्पन्न कर पाते जो कहनेवाले के मन में है। मनुष्य ने बहुत साधना करके जिस भाषा का विकास किया है उसके शब्द जीवन-जगत् को अमूर्त करते हैं इसलिए शब्द विचारों के समर्थ माध्यम हैं, अनुभूति के नहीं। मध्यकालीन कवियों ने शब्दों की इस असमर्थता और शब्दों का ही सहारा रखनेवाले काव्य-साधना के इस द्वंद्व को बहुत अच्छी तरह व्यक्त किया है। कबीरदास ने कहा—भाई, मुझसे बोलने के लिए क्यों कहते हो। बोलने से तत्त्व नष्ट हो जाता है, विकार बढ़ता है; लेकिन किया क्या जाए? बोलने के अलावा विचार करने का कोई रास्ता भी तो नहीं, इसलिए बोलना पड़ता है :

बोलनां का कहिए रे भाई। बोलत बोलत तत्त नसाई।
बोलत बोलत बढ़ै बिकारा। बिनु बोलें क्या करहि बिचारा।

'तत्त' का अर्थ है—अनुभव में समाया हुआ सत्य।

तुलसी ने लिखा—कवि को तो 'अरथ' और 'आखर' का ही सहारा है। उसे निश्चित शब्दों के निश्चित अर्थ से ही अनुभूति की अभिव्यक्ति करनी होती है। नट 'ताल-गति' के ही सहारे नाचते हैं। अब जो शब्दों से व्यक्त नहीं हो पाता उसका क्या हो? शब्द और ताल गति, अनुभूति संपदा की पूर्णता को नहीं, उसकी अपूर्णता को ही प्रस्तुत कर पाते हैं। इसकी कचोट कवि को न होगी तो किसे होगी?

कबिहि अरथ आखर बलु सांचा। अनुहरि ताल-गतिहि भटु नांचा।

'दरद-दिवाणां' मीरा अपनी अनुभूति के विषय में केवल यही कह पाती हैं कि उसे कोई जान नहीं पाता। 'दरद' को मीरा जिस प्रकार अनुभव कर रही हैं उसे और कोई अनुभव नहीं करता। जब और कोई उस 'दरद' को मीरा की तरह अनुभव नहीं करता तो मीरा उसे

प्रकट भी करें तो क्या होगा। इसलिए मीरा 'दरद' की पहचान निषेधात्मक रीति से करती हैं। यह 'दरद' वह है जो लोग अनुभव नहीं कर पाते। अनुभूति सूचित नहीं की जा सकती। उपनिषद तक नहीं कर पाए थे इसलिए उन्होंने भी यही निषेधात्मक पद्धति अपनाई थी—'नेति-नेति'। कला अनुभूति को बिंब और नाटकीयता के द्वारा सूचित नहीं चित्रित करने का प्रयास करती है। मीरा जब अनुभूति के विषय में कह रही हैं कि इसे लोग जान नहीं पाते तो वे इसकी पहचान ही बता रही हैं। लेकिन अगली पंक्ति में ही मीरा ने दूसरी बात कही है। मेरे 'दरद' को वह जान लेगा जो खुद मेरी तरह दिवाणां होगा। घायल की पीड़ा को—अनुभूति को घायल जान लेगा। मीरा ने कहा घायल जान लेगा क्योंकि उसके ह्रदय में अगम का संयोग हो रहा है। यह अगम अनुभूति है।

पहली पंक्ति में मीरा इस 'दरद' का चित्रण करने के चक्कर में नहीं पड़तीं। वह उस 'दरद' की पहचान पाठकों-श्रोताओं को यह कहकर बताती हैं कि वह बिना अनुभव के नहीं जाना जाता। अनुभूति अनुभव की स्थिति है। उस स्थिति में जो होगा उसे ही उस 'दरद' की अनुभूति होगी। वह अनुभूति को स्थिति से जोड़ती हैं। ऐसा करके वे पाठकों-श्रोताओं को उनके अनुभवों की स्मृति के माध्यम से अपने 'दरद' को संप्रेषित भी कर लेती हैं। यह जो पाठकों-श्रोताओं की अनुभूतियों को स्मृति के माध्यम से अपनी अनुभूति की पहचान बना लेने की शैली है, उससे मीरा का 'दरद' लोगों के 'दरद' से जुड़ जाता है। पहली पंक्ति का निषेध दूसरी पंक्ति का विधेय बन जाता है—बिना चित्रण के। चित्रण उपस्थित होता है लेकिन वह इन दो पंक्तियों में नहीं है। इन पंक्तियों के माध्यम से यह पाठकों-श्रोताओं के चित्त में उदित होता है। मीरा के तथा अन्य महान् मध्यकालीन भक्त कवियों के निरलंकृत काव्य की सरलता और अचूकता का यही नुस्खा है।

अभिव्यक्ति में उत्कर्ष असामान्य स्थितियों की योजना से नहीं, सामान्य स्थितियों की विशिष्ट योजना से आता है। मीरा ने विरह की उत्कंठा की या मिलनसुख की जिन स्थितियों का चित्रण किया है, वे बहुत सामान्य तथा स्वाभाविक हैं। पदों में जिन मनोस्थितियों की योजना की गई है, वे पद में व्यक्त मुख्य भाव या विचार की संगति में है। इसलिए उनमें अंतस्संबंधता और केंद्रोन्मुखता है। प्रायः ऐसा होता है कि पद के आरंभ में जो पंक्ति टेक के रूप में आती है वह मुख्य बात होती है। बाद की पंक्तियां उसी का विस्तार होती हैं, उसी बात को विभिन्न उदाहरणों, अलंकारों, कथनों से पुष्ट करती हैं। इसी से सफल गेय पद में एक विशिष्ट अनुभूति व्यक्त होती है। गेय पद की अनुभूति सघनता इसी अंतस्संबंधता, कथनसंगति एवं केन्द्रोन्मुखता पर आधारित है। ऊपर से देखने पर लगता है कि ये पंक्तियां यों ही अनायास पद में युक्त हो गई होंगी। ये पंक्तियां बाहर और मन की निश्चित, विशिष्ट स्थितियों को पद में अन्वित करती हैं। अगर ये अनायास आ गई लगती हैं तो रचना की बहुत बड़ी उपलब्धि है। लेकिन विचार करने पर पता चलेगा कि इस अनायासता के पीछे बहुत कशमकश छिपी है। यहां रचनाकार की

कल्पना की समाहार शक्ति की परीक्षा होती है। रचनात्मक संघर्ष की सफलता संघर्ष को छिपा देने में है। यथार्थ की विषमता, असंगति का द्वंद्व प्रकट करने में स्वयं भाषा को संगति से रहित नहीं हो जाना चाहिए। रचनाधर्मिता भाषा के उलझाव को सुलझा कर प्रकट होती है। संस्कारी पाठक और चिंतक सुलझी हुई भाषा में नियोजित बाह्यांतर स्थितियों द्वारा व्यंजित उलझे यथार्थ को पहचान लेते हैं और प्रभावित हो सकते हैं। जटिल परिस्थितियां रचनाधर्मिता के अनुशासन में बंधती हैं, वे कल्पना की समाहार शक्ति द्वारा सरल भाषा में प्रस्तुत होकर सहृदय के चित्त में पुनः बिखर जाती हैं, यानी अपने मूल रूप में आ जाती हैं। इसीलिए साहित्य में जीवन-जगत् मौजूद रहता है। रचनाकार की विशिष्टता बहुत कुछ उसे नियोजित करने में ही प्रकट होती है जहां इस पूर्ण प्रक्रिया की माध्यम भाषा इतनी महत्त्वपूर्ण हो जाती है कि छुरे की धार बन जाती है। रचना व्यापार में भाषा और अनुभूति एक-दूसरे से अभिन्न होकर उस तत्त्व के सहारे गतिशील होते होंगे जिसे तुलसी ने 'छाया' कहा है :

कहहु सुप्रेम प्रगट को करई। केहि छाया कवि मति अनुसरई।

मीरा का यह पद बहुत प्रसिद्ध है :

माई सांवरे रंग राची।
साज सिंगार बांध पग घूंघर, लोकलाज तज नाची।
गयां कुमत लयां साधां संगत स्याम प्रीत जग सांची।
गायां-गायां हरि गुण निसदिन, काल व्याल री बांची।
स्याम बिणा जग खारा लागां, जगरी बातां कांची।
मीरा सिरि गिरिधर नट नागर भगति रसीली जांची। (पद 19)

(मीरांबाई की पदावली)

मीरा सांवरे के रंग में रच गई हैं। यह इस पद का केंद्रीय वक्तव्य है। अन्य पंक्तियां इसी वक्तव्य के स्रोत से उद्‌भूत हैं। वह विभिन्न स्थितियों की चित्रणयोजना के द्वारा इस वक्तव्य की पुष्टि एवं विस्तार करती हैं। रचना की प्रसिद्धि, मार्मिकता तक पहुंचने में बाधक भी होती है। यह पद इतना प्रसिद्ध, विख्यात एवं विश्रुत है कि इन पंक्तियों में संजोए अनुभव पुंज का विश्लेषण दुष्कर है। श्रोता और पाठक इन पंक्तियों को इतनी बार सुन चुका है कि वह इनकी उपेक्षा करने लगता है। चित्रणयोजना में जो अनुभूतिजन्य संगति है उसमें निहित यथार्थ तक सहसा पहुंच नहीं पाता। यह प्रसिद्धि का अभिशाप है।

सांवरे के रंग में रची मीरा सिंगार करके पैरों में घुंघरू बांधकर नाचीं। जिसके रंग में रची हैं उसके सामने कोई सिंगार करके घुघंरू बांधकर नाचे तो कोई खास बात नहीं हुई। यह स्वाभाविक है। लेकिन इस स्वाभाविक स्थिति की शक्ति इस बात में है कि

इसके लिए मीरा को लोकलाज तजनी पड़ी। लोकलाज तजकर मीरा सामान्य मध्यकालीन विरहिणी से जिसकी प्रतिनिधि रीतिकालीन नायिका है, भिन्न हुई। मीरा का सांवरे के रंग में रचना, आसान काम नहीं। इस लोकलाज तजने की स्थिति में सिंगार करके, घुंघरू बांध नाचने की स्थिति की शक्ति विद्यमान है। साधुसंगति से कुमति गई। कुमति जाने और साधुसंगति के कारण जग में श्याम के प्रति प्रेम की सत्यता का अनुभव हुआ। कृष्ण के प्रति प्रेम की अनुभवस्थिति स्वतंत्र या स्वतःफूर्त नहीं। वह कुमति के जाने और साधुसंगति का परिणाम है। कुमति का नष्ट होना और साधुसंगति भी अन्योन्याश्रित हैं। यह नहीं कहा गया कि साधुसंगति के कारण कुमति गई तो सुमति आई। सुमति आने के फल को जरूर कह दिया गया। सुमति न आती तो जगत् में श्याम की प्रीति की सत्यता का अनुभव कैसे होता। यह अनुभव ही सुमति है। इस नाच के साथ हरि के गुणों का गान भी है। इस गान के फलस्वरूप मीरा कालव्याल से बच गईं। इस काल का बोध प्रायः सभी भक्तकवियों को बहुत ज्यादा था। सर्वाधिक तीव्र कालबोध कबीर में मिलता है। काल सबको नष्ट कर देता है। उससे बचने का एक ही उपाय है—भगवद्प्रेम। भगवद्प्रेम काल से कैसे बचा देता है?

प्रेम, अनुभूति—अनन्यता की अनुभूति है। अनन्यता शारीरिकता की नहीं हृदय की बात है। अनन्यता के ही कारण प्रेम मानवीय व्यापार है, पाशविक नहीं। पशु शारीरिकता में ही लिप्त रहते हैं। हृदय में बसने के ही कारण प्रिय भावसत्ता बन जाता है। यह भावसत्ता यथार्थ की उपज होने के बावजूद भौतिक यथार्थ के ऊपर होती है। यह भौतिक यथार्थ के ही नियमों से यंत्रवत् परिचालित नहीं होती। इस भावसत्ता का भौतिक आधार बदल जाए, मिट जाए तो भी यह हृदय में बना रहता है। स्मृति, या ध्यान के सहारे इस भावसत्ता में लीन होने से कालबोध नष्ट हो सकता है। यदि कोई किसी भावचित्र में तल्लीन है तो उसे अन्य विषयों की सुधि नहीं रहेगी। अन्य बातों के साथ-साथ वह काल को भी भूला रहेगा। इसीलिए तल्लीनता, अनन्यता कालव्याल से बचा सकती है। मीरा हरि के गुणगा-गाकर कालव्याल से इसी तरह बची रहती हैं। कोई फ्रायड के सिद्धांतों को साहित्य में लागू करने का शौकीन हो तो व्याल रूपक की व्याख्या और तरह से भी कर सकता है।

मीरा को श्याम के बिना जग खारा लगता है। जग की बात कच्ची लगती है। इस कच्ची यानी झूठी बात का विरोध श्याम के प्रति प्रीति से है जो जग की सच्ची बात है। जिस जग की और बातें कच्ची लगती हैं उसी में श्याम की प्रीति है जो सच्ची है। श्याम के बिना जग खारा लगता है। तो उनकी भक्ति रसीली है। श्याम के बिना खारेपन के विरुद्ध भक्ति का रसीलापन मौजूद है। यथार्थ में कुमति है तो साधु-संगति भी है। कालव्याल है तो उससे बचने का तरीका हरि का गुणगान भी है। जगत् में खारापन और रसीलापन, कच्चापन और सच्चाई दोनों हैं। यथार्थ, विषमता या परस्पर विरोधिता से

युक्त है। मीरा को यथार्थ के जिस पक्ष से लड़ने के लिए लोकलाज तजनी पड़ती है वह शक्तिशाली है, मीरा उसके विरुद्ध उसी पर आधारित भावपक्ष को प्रस्तुत करती हैं जो उनके हृदय में स्थित है।

मीरा का यह पद बहुत प्रसिद्ध है। इस प्रसिद्धि का कारण इसका काव्योत्कर्ष है। सरल और सुगठित पंक्तियों में जटिल जीवन और जगत् की परस्परविरोधी स्थितियों को चित्रित करके इसमें द्वंद्व को उभारा गया है। सामान्य श्रोता-पाठक इस जटिलता की व्याख्या न कर सकता हो, किंतु कहीं-न-कहीं यह पूरी प्रक्रिया उससे संवेदित हो जाती है। न हो जाती तो वह इस पद को इतना पसंद न करता। कोई चीज हमें क्यों अच्छी लगती है, इसे समझना हमेशा आसान नहीं होता। प्रायः जो चीज हमें जितने ही सहज तौर पर अच्छी लगती है उसके कारणों का पता लगाना उतना ही मुश्किल होता है। मां बच्चे को क्यों प्यार करती है, हरी दूब क्यों अच्छी लगती है, कोई चेहरा क्यों आकृष्ट करता है, संगीत क्यों अच्छा लगता है? इनका पता लगाना दुष्कर है। वैसे ही सहज पंक्ति की प्रियता का कारण पता लगाने में भी जटिल प्रक्रिया से गुजरना पड़ता है। हम प्रायः इस समूची प्रक्रिया के प्रति सतर्क नहीं रह सकते क्योंकि हमारी प्रियता और अप्रियता अत्यंत सुदूर और असंख्य वासनाओं, संस्कारों, सामाजिक एवं व्यक्तिगत अनुभवों से निर्मित है।

भक्तकवियों की विचारधारा जो भी रही हो उनका साहित्य यथार्थ की विषमता को अंकित करता है। परस्परविरोधी पक्षों को प्रस्तुत करके वे द्वंद्व का चित्रण करने की कला में निपुण हैं। जिसे आचार्य शुक्ल 'विरुद्धों का सामंजस्य' कहते हैं वह हिंदी साहित्य में कहीं भरपूर मिलता है तो भक्तिसाहित्य में। कुछ लोग 'विरुद्धों का सामंजस्य' का अर्थ 'विरुद्धों का समझौता' समझकर आचार्य शुक्ल को अपने से पिछड़ा मानते हैं। 'सामंजस्य' का अर्थ 'औचित्य' होता है, समझौता नहीं। रचनात्मकता के विरुद्धों को उपयुक्त या उचित ढंग से नियोजित किया जाए ताकि वे उक्ति को मार्मिक बना सकें। यही 'विरुद्धों का सामंजस्य' है।

मीरा की कविता में ऐसी योजना पग-पग पर मिलेगी। इस परस्परविरोधी उक्तियोजना का बहुत गहरा संबंध मीरा के व्यक्तित्व से है जो विषम परिस्थितियों को झेल रहा था। मीरा का पैरों में घुंघरू बांध कर नाचना अपने साथ किन स्थितियों को समेट लेता है यह द्रष्टव्य है :

> पग बांध घुंघर्‌या णाच्यां री।
> लोग कह्यां मीरा बावरी, सासु कह्यां कुल नासां री।
> बिख रो प्यालो राणां भेज्यां, पीवां मीरा हांसां री। (पद 36)
>
> **(मीरांबाई की पदावली)**

नाच की तरह गाने के साथ :

माई म्हां गोविन्द गुण गाणा।
राजा रूठ्यां नगरी त्यागां, हरि रूठ्यां कठ जाणा।
राणां भेज्यां बिख रो प्यालो चरणामृत पी जाणा। (पद 39)

मीरा मगन भई हरि के गुण गाय।
सांप पिटारी राणा भेज्यां मीरा हाथ दियो जाय। (पद 41)

(मीरांबाई की पदावली)

मीरा का नाचना-गाना विषम स्थितियों की उपज था और उनके लिए विषम स्थितियां उत्पन्न करता था। इसीलिए यह नाच-गाना एक ओर सांसारिकता में लिप्त लोगों के नाच-गाने से भिन्न था और इसीलिए यह नाच-गाना रीतिकालीन नायिकाओं के नाच-गान से भिन्न था।

ऊपर कहा गया है कि गत्वर चित्रण, स्थिर चित्रण से अधिक प्रभावशाली होता है। गत्वरता चित्रित होकर बहुत कुछ अपने आप कह देती है। कवि को केवल चित्र खींचना पड़ता है, चित्र के प्रभाव के विषय में कह कर 'स्वशब्दवाच्यत्व' का दोषी नहीं बनना पड़ता। ऐसे चित्रों में भी अधिक मार्मिक एवं अचूक वे होते हैं जहां पात्रों की ऐसी चेष्टाएं दिखाई जाती हैं जो आंतरिक मनोस्थितियों के कारण तो होती हैं किंतु सहसा उन स्थितियों से संबंधित नहीं जान पड़तीं। ऐसे चित्रों में बाह्य चेष्टाएं मात्र चित्रित होती हैं भावकथन नहीं होता। भावकथन से रहित ये चित्र गत्वर तो होते ही हैं, इनमें नाटकीयता भी होती है। यह नाटकीयता द्वंद्व पर आधारित होती है—इसे बार-बार कहने की आवश्यकता नहीं :

आयो सावन भादवा रे बोलण लागा मोर।
मीरां कूं हरिजन मिल्यां रे ले गया पवन झकोर। (पद 59)

(मीरांबाई की पदावली)

'हरिजन' कोई भक्त है। सत्संग पर कबीर, तुलसी ने बहुत लिखा है। लेकिन वह ज्यादातर नीतिपरक है। वह बुद्धि को प्रभावित करता है, विवेक को जाग्रत करता है—मार्मिकता कम उत्पन्न करता है। लेकिन मीरा का यह दोहा सत्संग को तीव्र अनुभूति की स्थिति तक पहुंचा देता है। यह हरिजन के बिछुड़ने से उत्पन्न पीड़ा का अचूक चित्रण करता है। लगता है हरिजन का वियोग न हो, प्रिय का वियोग हो। विवेक को यहां मीरा ने सौंदर्य बना दिया है वह भी दोहे जैसे छंद में। विवेक को सौंदर्यानुभूति में पर्यवसित करने का काम प्रबंधकाव्य करते हैं, मुक्तक यह काम बहुत कम कर पाते हैं। मीरा ने यह काम दोहे में कल्पना की समाहारशक्ति के अद्वितीय साहसपूर्ण प्रयोग से कर दिया। सावन-भादों का संदर्भ प्रायः नायक-नायिका के ही लिए प्रयुक्त होता है। एक लोकगीत में वर्षा का प्रयोग वात्सल्य के संदर्भ में हुआ तो आचार्य शुक्ल ने परम प्रशंसा की :

कउनौ बिरिछ तर भीजत हवैहैं राम लखन दूवौ भाई।

'हरिजन' नायक जैसा सावन-भादों के कारण हो गया है। उसे नायक के संदर्भ में डाल दिया गया है इसीलिए वह हरिजन प्रिय नायक जैसा लगता है। यहां सत्संग 'मिलन सुख' सा देता है और उसका चला जाना 'विरह' जैसा। सत्संग को हृदय के इतना निकट और कोई नहीं ला सका है। इसी साधुसंगति के लिए मीरा को लोकनिंदा सहनी पड़ती थी।

वस्तुतः सावन-भादों हरिजन मिलन के बाद आए हैं। वे सत्संग-सुख की अनुभूतियां हैं जो सावन-भादों के रूप में अमूर्त से मूर्त हुई हैं। अनुभूतियों को ऐसा इंद्रियबोध्य रूप देने में प्रसिद्ध फ्रांसीसी कवि बादलेयर परम कुशल हैं। कुशल कवि अनुभूति को ऐंद्रिक बिंब प्रदान करते हैं। सावन-भादों हरिजन के मिलने से अनुभूति सुख के बिंब कबीर का एक ऐसा दोहा याद पड़ता है :

सतगुर हम सूं रीझि कर कहा एक परसंग।
बादर बरसा प्रेम का भीजि गया सब अंग॥

मीरा और कबीर के उक्त दोहों में सत् आनंद में पर्यवसित हो गया है। यह अकारण नहीं कि यहां ज्यों, मानों, 'इव' जैसे उत्प्रेक्षापरक अव्यय नहीं प्रयुक्त हुए हैं। यहां अनुभूति जो अशरीरी है, उसने एक गोचर रूप ग्रहण कर लिया। ऐसा रूप जो अनेक अंगों—चक्षु, गंध, श्रवण, त्वचा को एक साथ आनंदित कर देता है। सावन-भादों में बादल देखने, वर्षा स्पर्श, पृथ्वी गंध, मोरध्वनि श्रवण और जल रस की दृष्टि से आनंददायक होकर हमारी पांचों ज्ञानेंद्रियों को संतुष्ट करते हैं। बिंब के सहारे अशरीरी शारीरिक सुख देने लगा है। सौंदर्यबोध का माध्यम ज्ञानेंद्रियां ही हैं। यह तब संभव होता है जब विवेक सौंदर्य का रूप धारण कर सके। यह निष्ठा के बिना नहीं होता। यह रूपांतर महान् उद्देश्य से परिचालित महामानवों के जीवन और महान् निष्ठा से स्फूर्त रचनाकारों की रचनाओं में ही पाया जाता है।

मीरा की रचनाओं में ऐसे रूपांतरित बिंब पर्याप्त मिलते हैं। मन में जो पुलक समा गया है, अनुभूति की जो प्रक्रिया घटित हो रही है वह कैसे संप्रेषित हो? किसी अनुभव करनेवाले की समस्या सिर्फ संप्रेषण की नहीं होती। संप्रेषण की समस्या अपने ही मन में उठनेवाली अनुभूति को पहचानने की समस्या में गुंथी रहती है। जो अनुभूति मन में उठती है वह पहचान में अन्य अनुभूतियों के संदर्भ में आती है। एक अनुभूति अनेक अन्य अनुभूतियों एवं स्मृतियों, वासनाओं का परिणाम होती है। प्रयास करने पर इनमें से कुछ चेतन के धरातल पर उतर आती हैं, अन्य अवचेतन में दबी रहती हैं। अनुभूति संप्रेषण की प्रक्रिया में ही स्पष्ट भी होती है, पहचान में भी आती है। अनुभूति को संप्रेषित करके स्वयं रचनाकार भी उसे पहले से बेहतर तौर पर जान पाता है। मन में नंदनंदन की स्मृति उठी। यह स्मृति एक अनुभूति है क्योंकि उस स्मृति में प्रिय का चित्र स्थित है

जिससे मीरा का चित्र रचना संपृक्त है। अब यह अनुभूति कैसी है ? यह बहुत कुछ नभ में बादलों के छा जाने के समान है। नभ हृदय, बादल श्याम। श्याम का रंग बादलों के समान। बादलों के नभ को आच्छादित कर लिया। हृदय में कृष्ण ही कृष्ण रह गए। लेकिन जो छा गया वह कृष्ण नहीं, कृष्ण-विषयक स्मृति है। बादल ठोस नहीं होते, उनका कोई स्थिर रूप नहीं होता, वे चंचल, चलते-फिरते हैं, स्मृति के समान। यह बादलों के छा जाने और नंदनंदन के याद आ जाने का आकारगत साम्य हुआ। यह सादृश्य विधान का आधार बना।

अनुभूति विशिष्ट तो होती है किंतु विशिष्टता का आशय निरपेक्षता या पृथकत्व नहीं। वस्तुतः विशिष्टता अनेक सामान्य तत्त्वों के नवीन संयोजन का नाम है। इस विशिटता के संघटन अपने अनेक गुण छिपाकर अनेक गुण बचाकर जब नवीन ढंग से संयोज़ित होते हैं तब विशिष्टता निर्मित होती है। यह शब्दों के सामान्य अर्थ से संकेतित नहीं हो पाती, अतः चित्रित होती है। चित्रित होती है यानी इंद्रियबोध्य होती है। यह जगत हमारी ज्ञानेंद्रियों के माध्यम से हम तक संवेदित होता है। रूप, रस, गंध, ध्वनि, स्पर्श हमारी अनुभूतियों का निर्माण करते हैं और वे ही पहचान तथा संप्रेषण के माध्यम बनते हैं। एक प्रकार विभिन्न स्थितियों के सांचे में ढले ये ही संप्रेषित होते हैं। शब्दों में ये बिंब बन जाते हैं। बिंब शब्दों में ढले रूप, रस, गंध, ध्वनि, स्पर्श ही हैं। अनुभूति संपदा में ये सब एक-दूसरे से गुंथे रहते हैं। यहां विचार और दृष्टिकोण या विश्वदृष्टि की चर्चा फिलहाल नहीं की जा रही है।

नंदनंदन मण भायां बादलां नभ छायां।
इत घण गरजां उत घण लरजां चमकां बिज्जु डरायां।
उमड़ घुमड़ घण छायां पवण चल्यां पुरवायां।
दादुर मोर पपीहा बोलां कोयल सबद सुणायां।
मीरां के प्रभु गिरधर नागर चरण कंवल चित लायां। (पद 142)

'गरजां', 'दादुर मोर पपीहा बोलां', 'कोयल सबद सुणायां' में ध्वनि है, 'चमकां विज्जु' में वर्ण, 'पवण चल्यां पुरवायां' में स्पर्श, वर्षा के जल में रस व्यंजित है। 'गंध' बिंब को कहते हैं, भारतीय साहित्य में उच्चकोटि का बिंब नहीं माना गया। वह पृथ्वी का गुण होने के कारण शारीरिकता की ओर ले जाता है। आचार्य हजारीप्रसाद द्विवेदी ने अपने एक भाषण में एक बार बताया था कि गंधबिंब का उपयोग कालिदास ने कुछ ऐसे ही प्रसंग में किया है। गंधमादन पर्वत कोई शरीफों के विचरने की जगह नहीं। लेकिन कोई चाहे ही तो चरण कंवल के कंवल से वह भी गोचर कर सकता है। गिरधर के चरणकमल का गंध गंधमादन से भिन्न व्यंजना करेगा।

ये सब तत्त्व सक्रिय एवं चेष्टाशील होकर एक सजीव एवं सक्रिय वातावरण उपस्थित करते हैं। यह वातावरण मानसिक चित्र का भी है। इसी सचेष्टता के संदर्भ में

नंदनंदन की स्मृति है। यह वातावरण नंदनंदन के याद आ जाने से बना है। समूचा चित्र व्यापार सुसंगत एंव सुसंबद्ध है और विशिष्ट अनुभूति संपदा का प्रतिरूप यानी शब्दरूप है। समूचा पद हमारे जीवन-जगत् का एक अखण्ड अनुभूति चित्र प्रस्तुत करता है। वक्तव्य है 'नंदनंदन मण भायां'। शेष पंक्तियों में इसी मनभाने की स्थिति को इंद्रियगोचर बनाकर विश्वसनीय बना दिया गया है। जो चित्र बनता है, वह सिर्फ श्रोता या पाठक के लिए ही नहीं, स्वयं रचनाकार के लिए भी बहुत विश्वसनीय है। इस चित्र को देखने और उससे प्रभावित होने के ही परिणामस्वरूप अंतिम पंक्ति में मीरा का रचनाकार अपने ही बनाए शब्दचित्र में शमित होता है। मध्यकालीन भक्तकवियों के गेय पदों की अंतिम पंक्ति नामोल्लेख सहित उनके व्यक्तित्व को शब्द निर्मित चित्र में समाहित कर देती है। गेय पद की प्रथम पंक्ति में कवि गेय पद का केन्द्रीय कथ्य प्रकट कर देता है। गेयता की दृष्टि से यह 'टेक' है। टेक बार-बार आती है और वही मुख्य है। बाद में जो पंक्तियां आती हैं वे इस केन्द्रीय कथ्य या टेक को व्याख्यायित—विस्तृत करनेवाली स्थितियां प्रस्तुत करती हैं। जब चित्र पूरा हो जाता है तो रचनाकार का व्यक्तित्व अपने ही बनाए भावजगत में लीन हो जाता है। यह गेय पदों की आन्तरिक अन्विति एवं स्वतः पूर्णता का प्रमाण है।

कुछ गेय पद ऐसे हैं जिनमें घटना परम्परा के ऐसे बिन्दुओं का उल्लेख कर दिया जाता है कि बीच का समूचा व्यापार व्यंजित हो जाता है। उल्लिखित घटना व्यापार जितना ही असंबद्ध दिखलाई देता है उतना ही अचूक होता है, जटिल स्थितियों की योजना करके अनुभूति को व्यंजित कर देने में। ऐसे स्थल समाहारशक्ति या विभावन का उत्कृष्ट कौशल प्रकट करते हैं।

> डारि गयो मनमोहन पासी।
> आंबां की डालि कोइल इक बोले, मेरो मरण अरु जग केरी हांसी।
> बिरह की मारी मैं बन डोलूं, प्राण तजूं करवट ल्यूं कासी। (पद 65)

मीरा वन में नहीं डोलती थीं, महल में या महल भी छोड़ा होगा तो नगर में ही रहती होंगी। यह 'वन' निराशा या विरह स्थिति का है। यह वन वह स्थल भी है जहां अनुदार समाज ने मीरा को लोकनिंदा के द्वारा डाल रखा है।

आम की डाल पर कोयल के बोलने से मरण मीरा की तीव्र विरहवेदना का द्योतक है। लेकिन जग की हंसी क्या द्योतित करती है? मरण पर लोग सहानुभूति प्रकट करते हैं, आंसू बहाते हैं, रोते हैं। लेकिन मीरा के मरण पर जग हंसता है। मीरा का मरण यानी उनकी वेदना कितनी मानवीय है और जग की हंसी कितनी अमानवीय। इस वेदना की अनुभूति अमानवीय व्यंग्य से संयुक्त होकर बहुत मार्मिक हो गई है। परम कुशल रचनाकार पीड़ा को व्यंग्य से संयुक्त करके उक्ति को इसी प्रकार परम मार्मिक बना देते हैं। किसी के दुःख पर कोई हंसे तो देखनेवाले के मन में दुखी व्यक्ति के प्रति सहानुभूति

के साथ हंसनेवाले के प्रति आक्रोश भी हो जाएगा और उसकी सहानुभूति और तीव्र हो जाएगी। 'ट्रायल' में काफ्का ने जब निरपराधी व्यक्ति के मरण दृश्य को 'कुत्ते की मौत' कहा तो बहुत कुछ इसी प्रकार की तीव्र अनुभूति व्यक्त की। कहते हैं प्राचीन रोम में बंदियों को भूखे शेरों से लड़ाया जाता था। और यह रोमवासियों का विनोद था। उन बंदियों की मनोस्थिति कैसी होती होगी :

मेरो मरण अरु जग केरी हांसी।

प्रेमचन्द ने होरी की मृत्यु का जो दृश्यांकन किया है वह इस विषय में देखने योग्य है।

होरी की मृत्यु हो रही है। उसकी मृत्यु लगभग निश्चित है। 'मगर सब कुछ समझ कर भी धनिया आशा की मिटती हुई छाया को पकड़े हुए थी। आंखों से आंसू गिर रहे थे, मगर यंत्र की भांति दौड़-दौड़कर कभी आम भूनकर पन्ना बनाती, कभी होरी की देह में गेहूं की भूसी की मालिश करती। क्या करे, पैसे नहीं हैं, नहीं किसी को भेजकर डाक्टर बुलाती।'

ऐसे अवसर पर हीरा और अन्य लोग आवाज लगाते हैं। 'हां गोदान करा दो, अब यही समय है।' धनिया होरी को बचाने की असहाय दौड़-धूप कर रही है। वह मनुष्य से यंत्र हो गई थी। उसे रोने की फुरसत, पति की मृत्यु-आशंका से दुखित होने की फुरसत तक नहीं थी और कर्मकांड के ठेकेदार 'गोदान' की आवाज लगा रहे थे। प्रेमचन्द ने लिखा है : 'धनिया ने उसकी (हीरा की) ओर तिरस्कार की आंखों से देखा।' इस आर्थिक असहायता और कर्मकांडी आवाज ने धनिया के दुख को कितना तीव्र बना दिया होगा।

निराला ने 'देवी' कहानी में अपने विषय में लिखा कि लोग मुझसे थोड़ी दूर अलग हटकर गहरे में हंसते हैं। 'गहरे में हंसना' यानी निराला की स्थिति पर हंसना। इस हंसी का सहृदय के मन पर जो प्रभाव पड़ता है उसे रोकर दूर नहीं किया जा सकता।

कहीं-कहीं मीरा ने अपनी ही दो विरोधी मनोस्थितियों का योग अनुभाव द्वारा प्रकट करके उत्कृष्ट भावव्यंजना की है। कृष्ण गली में आ रहे हैं। मीरा, जो घर के बाहर नहीं जा सकतीं, घर में ही कृष्ण की प्रतीक्षा कर रही थीं। लेकिन कृष्ण का आना देखकर वे लाज के मारे घर में घुस गईं। जिसकी प्रतीक्षा में मीरा विह्वल थीं उसके आगमन पर घर में घुस गईं। यह लज्जा का वास्तविक चित्रण है। जैसे काव्य में अनुभूति बहुत शब्दों में मुश्किल से अभिव्यक्त होती है वैसे जीवन में भी सच्चा भाव छिपने का प्रयास करता है। क्यों? इसका पता लगाना बहुत मुश्किल है। संभवतः इसका कारण प्रागैतिहासिक काल के जीवनविकास की प्रक्रिया के किसी रहस्य में छिपा है। प्रिय के दर्शन होने पर प्रेमी घबरा कर उससे छिपना या बचना क्यों चाहता है? मिलने की दुर्निवार इच्छा उससे दूर होने की प्रवृत्ति को क्यों साथ लिए रहती है? यह हम आज विश्लेषित नहीं कर पाते लेकिन है यह स्वाभाविक और सच्ची भावना की अचूक पहचान। कहीं इस परम व्यक्तिगत सहज प्रवृत्ति के पीछे भी कोई सामाजिक विधिनिषेधवाली नैतिकता तो नहीं है

जो हमारे संस्कार में बहुत गहरे बस गई है। जो हो, यह स्वाभाविक है और मीरा ने इसका चित्रण किया है :

> आवत मोरी गलियन में गिरधारी
> मैं तो घुस गई लाज की मारी। (पद 171)

मीरा की कविता में प्रेमविह्वलता का चित्रण प्रायः अनुभाव के द्वारा हुआ है। इसकी अचूक मार्मिकता की सुरक्षा तात्कालिकता और संक्षिप्ति के द्वारा हुई है। मीरा प्रेम की विह्वलता का बाह्य वर्णन कम करती हैं। वे विह्वलता का सहज रूप से कथन करती हैं। रीतिकालीन या अनेक भक्तकवि भी विह्वलता की स्थिति तक पहुंचने के पहले जिस ब्यौरे में पड़ते हैं, मीरा उस पचड़े में नहीं पड़तीं। उन्हें अनिवार्य कथन ही करना है, कविता का कोई रूप सायास निर्मित नहीं करना है। यह उस प्रेम की भी विशेषता है जो तड़ित गति से एक जरा-सा आधार पाने पर ही विवशता-विह्वता की स्थिति पर सीधे पहुंच जाता है। आंतरिक स्थितियों को बाह्य स्थितियों के द्वारा, निराडंबर ढंग से व्यक्त करती हैं। लाज के मारे घुस जाना भी अनुभाव के ही अंतर्गत आएगा, लेकिन यह इतना सहज और अनिवार्य है कि चेष्टाहीन लगता है। इसमें 'सौह करै भौंहनि हंसै दैन कहै नटि जाइ' वाली चतुर चेष्टाशीलता नहीं। बात यह है कि अनुभाव शारीरिक विकार में व्यक्त होता है, जबकि मीरा ऐसे अवसरों पर अंतरव्यापार का संकेत कर रही होती हैं, बाह्य व्यापार उतना ही जितना कि अनिवार्य है।

> कागद लै राधा बाचण बैठी भर आई छाती। (पद 185)
> सबदा सुणतां छतियां कांपां मीठो थारो वैण। (पद 103)
> णेणा म्हारा कह्या णा माणा णीर झार्‌या निश जावां री। (पद 121)
> धुण मुरली सुण सुध-बुध बिसरां जर-जर म्हारो शरीर। (पद 166)
> म्हारो काई णा बस सजणी, नैण झरयां दो नीर। (पद 155)

मीरा की कविता में सीमित चेष्टाशीलता है। उनमें बंधन तोड़कर निकलने की व्याकुलता तो है किंतु यह अनिवार्य बोध भी है कि इस बंधन को तोड़ पाना दुष्कर है। उनकी कविता में प्रिय के प्रति जो समर्पण का भाव है वह उनके अबलात्व के बोध से युक्त है। वे जानती हैं कि वह पंखहीन पक्षी हैं। उनकी तीव्र इच्छा उन्हें व्याकुल ही बनाएगी। बंधन की नियति के बोध ने उन्हें एक शांति भी दी है जिसके साथ वे कृष्ण के प्रति समर्पित होती हैं। कृष्ण इस जन्म में (जगत् में) तो उन्हें मिल नहीं सकते। अतः उनका प्रेम पूर्वजन्म का है। इस जन्म का नहीं, अनेकानेक जन्मों का है। विडंबना यह है कि अनेकानेक जन्मों का प्रेम जितना तीव्र और दृढ़ है इस जगत् में उसका सफल होना उतना ही दुष्कर है। प्रेम की दृढ़ता और असफलता दोनों सत्य हैं। प्रेम की दृढ़ता भावजगत की चीज है और असफलता इसी जगत् की है। मीरा की कविताओं से उनके रचनाकार का जो रूप उभरता है वह पिंजरे में हताशा-बद्ध पक्षी का है जो दूरस्थ नीड़ के ध्यान में मग्न

होकर नाच रहा है। उनकी कविता में प्रेम की व्याकुलता, असफलता, विवशता और प्रेम की निष्ठा से उत्पन्न भाव-तल्लीनता का आंनद—सब कुछ विद्यमान है। मीरा घर में स्थित रह कर प्रिय की प्रतीक्षा करती हैं, उसे नयनों में बसा लेना चाहती हैं, उसकी छवि का चित्र बनाकर विभोर होती हैं, उसके न आने या उसके चले जाने की आशंका से विह्वल होती हैं, उससे न जाने की कातरता प्रकट करती हैं, उसके आगमन की सूचना पाकर नाचती हैं। कुछ पंक्तियों में मिलनसुख का भी वर्णन है। प्रिय आ गया है, यह मिलन मीरा के प्रायः वर्षा का रूपक ग्रहण कर लेता है। प्यासी धरती मीरा का व्यक्तित्व है जिसमें भावमिलन वर्षा है। प्रकृति वर्षा से हरी-भरी हो जाती है। आनंद का रूपक मीरा के यहां प्रायः वर्षा में ही दिखलाई पड़ता है। मीरा ने सुना कि हरि आज आएंगे :

सुण्यारी म्हारे हरि आवांगा आज।
म्हैलां चढ़-चढ़ जोवां सजणी कब आवां महाराज।
दादुर मोर पपीआ बोल्यां कोईल मधुरा साज।
उमग्यां इन्द्र चहूं दिस बरसां दामण छोड्या आज। (पद 143)

या

बरसां री बदरिया सावण री। सावण री मण भावण री।
सावण मां उमग्यो म्हारो मण री; भणक सुण्या हरि आवण री। (पद 146)

मिलनसुख की कल्पना घनीभूत होकर वर्षा का रूपक धारण करती है, जो शामक है, जिसमें पांचों ज्ञानेन्द्रियों को बहुविधि तोष प्राप्त होता है। मनोविश्लेषण करनेवाले इस वर्षा रूपक में बहुत कुछ ढूंढ़ सकते हैं। जागतिकता भगवद्विषयक रति का माध्यम मात्र है। उसमें अधिक शारीरिकता ढूंढ़ना उचित नहीं प्रतीत होता। हमें तो लौकिक प्रेम भी अनन्यता से युक्त होकर अशरीरी या शारीरिकता से परे प्रतीत होता है। फिर भी यह सत्य है कि भावजगत् में भी हम भौतिक जगत् के ही रूप देखते और भोगते हैं, शरीर से नहीं चित्तवृतियों से।

भगवान की लीला का वर्णन भक्तकवियों ने प्रबंध और मुक्तक दोनों में किया। अधिकांश भक्तकवियों ने लीलागान किया, लीला को ध्यान में रखकर विशद प्रबंधकाव्य तुलसी ने ही रचा। सूर ने मुक्तकों के ही द्वारा भगवान की लीलाओं का ऐसा गान किया कि प्रबंधत्व भी आ गया। मीरा ने मुख्यतः आत्मनिवेदन और उसमें भी अपनी विरहाकुलता समर्पण, अनन्यता आदि ही प्रकट की। कृष्ण के जीवन से संबंधित लीला के पद अपेक्षाकृत बहुत कम रचे। कृष्ण की लीलाओं में से भी वंशीवादन, चीरहरण, पनघट, दधिवेचन, फागलीला जैसी कोमल, मधुर लीलाओं का ही वर्णन किया है। उनका चित्त अधिकतर आत्मनिवेदन में लगा है। उन्हें 'स्वयं' गोपिका कहा गया है। फिर उन्हें अपने ही आत्मनिवेदन से फुरसत कैसे मिलती ?

यह कुछ विचित्र ही लगता है कि ऐसी आत्मनिवेदिका मीरा ने सुदामा पर भी पद

रचा। सुदामा की दीनता से राजरानी मीरा प्रभावित हुईं या कृष्ण की दीन-मित्र-प्रियता को मीरा ने उल्लेखनीय माना। मीरा ने अहल्या, भीलनी, शबरी, द्रौपदी, गणिका, करमा बाई सजातीय भक्त कवयित्रियों का उल्लेख अनकेशः किया है।

मीरा की कविता की सबसे महत्त्वपूर्ण शिल्पगत विशेषता निरलंकृति है, जिसे आज की आलोचनात्मक शब्दावली में 'सपाटबयानी' कहते हैं। अलंकारों का प्रयोग मीरा के यहां भी मिलता है किन्तु नाममात्र को। अलंकारों का प्रयोग मीराकाव्य की विशेषता नहीं। स्त्रीसुलभ असहायता, प्रेमी की दृढ़ता, अनन्यता एवं पुरुषप्रधान समाज में उनके अबलात्व—इन सबने मिलकर उनकी अभिव्यक्ति को बहुत सीधा और सपाट बना दिया है। उनके सीधे कथन में बेचारगी और निरीहता की हृदयवेधक सरलता है— 'अंसुवन जल सींच-सींच प्रेमबेलि बोई।' यह उनकी विशिष्ट अभिव्यक्ति की प्रतिनिधि पंक्ति है। मीरा सीधी-सपाट पंक्तियों में विह्वलता की अभिव्यक्ति करती हैं। जिन पदों में विरह-व्याकुलता वर्णित-चित्रित की गई है, उनकी प्रथम पंक्ति या टेक ऐसी है कि मानो वह हृदय में रह नहीं पाई; मीरा ने उसे दबाने, छिपाने की बहुत कोशिश की है, लेकिन वह विवश चीत्कार मनोस्थिति को प्रकट करती हुई बरबस बाहर निकल ही पड़ी है जैसे उसे रोक पाना मीरा के वश में नहीं था। निरलंकृति और संक्षिप्तता इन टेक पंक्तियों का प्राण है। कोई नारी अबला क्लेश सहते-सहते, घुटते-घुटते न रह पाई हो और पुकार उठी हो। प्रिय को संबोधित करते हुए अपनी असह्य पीड़ा चीत्कार कर उठी हो—इस विवश स्थिति में अलंकारप्रियता, वाग्चातुर्य का कोई अवकाश नहीं। यहां टूटना ही काव्यसृजन को व्यवस्था देने का काम करता है :

> हो जी ! हरि कित गए णेह लगाय !

जो जानेवाला है उससे न जाने की अबलासुलभ कातर याचना है :

> छोड़ मत जाज्यो जी महाराज। (पद 48)
> ऐसी लगन लगाइ कहां तू जासी। (पद 49)

ये सीधी-सादी पंक्तियां इतनी अनुभूति-स्पंदित क्यों हैं ? इनमें कोई काव्यकौशल नहीं। फिर भी ये सहृदय को इतना प्रभावित क्यों करती हैं ? इसका कारण भारतीय पाठक और श्रोतावर्ग का भारतीय नारी की असहाय स्थिति से भरपूर परिचय है। कविता के प्रभाव के विषय में इस तथ्य की ओर समीक्षकों का ध्यान कम गया है कि कथन की मार्मिकता या प्रभावशीलता का बहुत बड़ा निर्णायक तत्त्व कहनेवाले की विश्वसनीयता भी है। जिस पर हमें विश्वास होता है उसकी बात से हम प्रभावित होते हैं। एक ही वाक्य गांधीजी बोलते थे और वही अन्य नेता। लेकिन लोग गांधी से अधिक प्रभावित क्यों होते थे ? इसलिए कि उन्हें गांधीजी पर विश्वास था। इस विश्वास का कारण अंधश्रद्धा नहीं थी, इसका कारण गांधीजी के व्यक्तित्व से भारतीयों का गहन परिचय था। इस गहन परिचय

ने लोगों के हृदय में गांधीजी को और उनकी वाणी को इतना प्रभावशाली बनाया था। हम किसी की करुण स्थिति से परिचित हों तो उसकी पंक्ति उसका कथन हमें सहज ढंग से उद्वेलित कर देता है। आज अनेक समीक्षक विशुद्ध आलोचना के नाम पर रचनाकार के व्यक्तित्व को रचना से बहुत दूर रखना हितकारी समझते हैं। हितकर-अहितकर की बात का निर्णय तो आसान नहीं लेकिन हम इतना जरूर देखते हैं कि जीवन का यह नियम काव्यक्षेत्र में आकर एकदम से बेलागू नहीं हो जाता। हमारा विचार है कि कबीर, नानक, सूर, तुलसी, रैदास, मीरा की रचनाओं की लोकप्रियता का कारण उनके काव्योत्कर्ष के साथ-साथ इनके व्यक्तित्व के प्रति भारतीय जनता का अगाध विश्वास भी है।

भारतीय मानस नारीस्थिति की करुण दशा से बहुत परिचित है। मीरा की इस असहाय और विवश अभिव्यक्ति की सपाटबयानी उसके मानस में तत्काल उचित संदर्भों में जुड़ जाती है और वह अनुभूति-स्पंदित हो उठता है। वे स्थितियां जिनमें रहकर नारी अपने मन की भावनाओं को दबाते-दबाते भी प्रकट करने पर विवश हो उठती है भारतीय पाठक की बहुत परिचित हैं। अतः उनके अकस्मात् जुट जाने में कोई बाधा नहीं पहुंचती और संदर्भ में समस्त विभावनव्यापार अपने आप विन्यस्त हो जाता है। हमारे विचार से मीरा की निरलंकृत काव्य-पंक्तियों की मार्मिकता का यही रहस्य है। कबीर, सूर, तुलसी, रैदास की सीधी-सादी पंक्तियों की अचूक प्रभावशीलता का भी यही रहस्य है। 'प्रभु मेरे अवगुन चित न धरो' सुनते ही हमारे मानस में सूरदास की पवित्रता, भक्ति, निरीहता, प्रणति, उनका समस्त बाह्यांतर इस पंक्ति का संदर्भ जुटा देता है। हम महसूस कर लेते हैं कि 'प्रभु मेरे अवगुन चित धरो' सूरदास कह रहे हैं। यही पंक्ति जब मंदिर में सेठ छज्जूमल दुहराते हैं तब हमारे ऊपर भिन्न प्रभाव पड़ता है। अभिव्यक्ति की प्रभावशीलता को, संप्रेषण को संप्रेषक से काटकर नहीं समझा जा सकता। मीरा की सरल, सपाट, संक्षिप्त पंक्तियों के सामान्य अर्थ के पीछे जटिल स्थितियों से उत्पन्न जो भरपूर भावसंपदा है वह अपनी संपृक्ति में पाठक-श्रोता के मानस में तत्काल भास उठती है।

निष्ठा शब्दजाल नहीं बुनती। वह अत्यंत अनिवार्य कथनता में ही रमती है। शब्दजाल से बचने की प्रवृति का दूसरा परिणाम सरल भाषा या परिचित शब्दों का उपयोग भी हो सकता है। लेकिन यह बात बहुत बलपूर्वक नहीं कही जा सकती। ऐसा लगता है कि रचनाकार के शब्द या छंदचयन पर समकालीन रचना प्रवृत्तियों का बहुत गहरा प्रभाव पड़ता है और उसकी संवेदना का सांचा समकालीन रचनात्मक प्रवृत्तियां निर्मित करती हैं, अवश्य ही इसमें उसकी व्यक्तिगत विशेषताएं सक्रिय भूमिका निभाती हैं। छायावादी कवियों में निष्ठा की कमी थी—ऐसा कौन कह सकता है, लेकिन उन्होंने भक्तकवियों जैसी परिचित शब्दावली नहीं अपनाई। उन्होंने तत्सम पदावली का उपयोग किया। क्यों? संभवतः उनकी शब्दावली और छंदप्रवृत्तियों पर मैथिलीशरण गुप्त और रवींद्रनाथ का संयुक्त प्रभाव है।

मीरा की शब्दावली सरल और परिचित है। इस सरलता का उनकी निरीहता से बहुत गहरा संबंध जान पड़ता है। निरीहता की अभिव्यक्ति अलंकृत नहीं होती। उनकी पंक्तियों का सांचा जनबोली का है। पंक्तियां गद्यात्मक हैं। उनका गठन ठेठ गद्य का है। आज की हिंदी कविता में जो खंडित और आहत वाक्यगठन दिखलाई पड़ता है, छायावादी कविता में जिसकी बहुलता है, वह मीरा की कविताओं में नहीं। प्रायः प्रत्येक पंक्ति गद्य का एक सुगठित वाक्य है। यह कहना बहुत कठिन है कि यह मीरा के काव्यकौशल का परिणाम है। मीरा ने काव्यकला का बहुत अधिक रियाज नहीं किया होगा। यह मंजाव और कसाव उन्हें अन्य भक्तकवियों की रचनाएं पढ़कर और सुनकर मिला होगा। वस्तुतः जब हम किसी अच्छी कविता को पढ़कर-सुनकर प्रभावित हो रहे होते हैं तो क्या उसकी रचनाधर्मिता में भी शामिल नहीं हो रहे होते। रचना प्रक्रिया चाहे जितने खामोश या अघोषित रूप में खुले, वह सहृदय के चित्त में जरूर खिलती है। इसी से काव्य का संस्कार बनता है। अनुमानतः मीरा की कविताओं में कौशल का आधार उनके निरंतर काव्यास्वाद का सघन संस्कार है।

मीरा और अन्य भक्तकवियों के गेय पदों पर जयदेव के गीत गोविन्द का स्पष्ट प्रभाव है। यह प्रभाव पदरचना, शब्दानुप्रास और स्थितियों के चित्रण से संबंधित है। मीरा के पूर्व कबीर गेय पद लिख चुके थे। विद्यापति, सूरदास, तुलसीदास, थोड़ा आगे पीछे लगभग समकालीन थे। इन सबके गेय पदों में—सबसे ज्यादा कबीर की भाषा में गद्यात्मक, या सुविन्यस्त वाक्यगठन मौजूद है। इसलिए कहा जा सकता है कि मीरा के गेय पदों में जो सुविन्यस्त वाक्यगठन मौजूद है, शैलीरूप में वह विशेषता उन्हें परंपरा से प्राप्त हुई थी। मीरा के जो पद सखी, कृष्ण या किसी और को संबोधित हैं उनमें संवादात्मकता के कारण जनबोली का तेवर मौजूद है। यह भी देखने की बात है कि इन पदों में प्रायः स्त्रियोचित तीखापन और सरापने की मुद्रा भी दिखलाई पड़ती है। मीरा साधु-संगति में ज्ञान सुनती थीं। दुर्जनों ने यह देखकर उनकी निंदा शुरू की। मीरा के प्रभु गिरधर नागर हैं। दुर्जन अंगीठी में जल जाएं।

> सतसंगति मां ज्ञान सुणै छी दुरजन लोगां नै दीठी।
> मीरां रो प्रभु गिरधर नागर दुरजन जलो जा अंगीठी॥ (पद 33)

राणा तुम तो ऐसे हो जैसे वृच्छों में कैर लग जाती है :

> ज्यों ब्रच्छन में कैर (पद 34)

राणा को मीरा के लोकलाज मर्यादा की बहुत चिंता थी। मीरा गलत रास्ते पर न पड़ जाए इसकी बहुत निगरानी रखते थे। ऐसी स्थिति में मीरा को जो कहना चाहिए था, वही कहती थीं— तुम मेरा ख्याल मत करो, जरा अपने घर का भी पर्दा कर लो। दूसरों को बुरा कहनेवाले अपना घर नहीं देखते। मीरा ने कहा, मैं तो बावली अबला हूं इसलिए

चाहे जितना बुरा-भला कहो। फिर मैं तो बावली हूं। मेरी क्या इज्जत। लेकिन तुम्हारी पत्नी तो इज्जतवाली है, फिर तुम्हारे जैसे पति की पत्नी है, इसलिए अबला भी नहीं है, तुम उसका ख्याल करो। पता लगाओ वह क्या करती है :

अपणे घर का परदा करले, मैं अबला बौराणी (पद 38)

गिरधर! तुम मुझसे किस कारण नाराज हो गए? मेरी कोई गलती नहीं है। तुम बेकार रूठे हो। जरा मेरे अवगुण निकालकर बताओ। मैं भी तो कानों से सुनूं कि मेरी खता क्या है।

गिरधर रीसाणा कोन गुणां
कछुक ओगुण हम पै काढ़ो मैं भी कान सुणां (पद 60)

मीरा की कविताओं का सौंदर्य विशिष्ट ध्वनियोजना में भी है। उनकी पंक्तियां राजस्थानी की ध्वनिप्रवृत्तियों के अनुकूल हैं, इसीलिए उनमें प्रवाह है। इस प्रवाह में विशिष्ट ध्वनियों का चमत्कार और झनकार है। प्रवाह के कारण उन पंक्तियों की स्मरणीयता बढ़ती है। स्मरणीयता तब आती है जब पंक्तियों की ध्वनियोजना ऐसी हो कि एक ध्वनि से अगली ध्वनि तक जाने में यानी उच्चारण करने में उच्चारण अवयवों को असुविधा न हो। यही नहीं, वे उच्चारण में सहज प्रवृत्त हो जाएं। ऐसा तभी होता है जब रचनाकार अपनी बोली की अंतरंगता में पैठा होता है, वह बोली की अपनी ध्वनियोजना और वाक्यप्रवाह की ध्वनिगत प्रवृत्ति (इंटोनेशन) में खुद रचा-बसा हो। प्रत्येक बोली का अपना वाक्यप्रवाह और अपनी प्रिय ध्वनियां होती हैं। कविता की पदावली और उसके छंदविधान का निश्चय इन्हीं ध्वनियों और इसी प्रवाह से होता है।

जिन पदों में मीरा का आत्मनिवेदन या प्रिय की मनोहारी छवि का अंकन हुआ है या भावविह्वलता व्यक्त हुई है, उनमें ध्वनियों के आवर्त बारंबार उठते हैं, उनमें विशिष्ट ध्वनियों की आवृति होती है— व्यंजन और स्वर दोनों की र, ल, स् ध्वनियां प्रायः सभी मध्यकालीन भक्तकवियों को प्रिय हैं :

मण थें परस हरि रे चरण।
सुभग सीतल कंवल कोमल, जगत ज्वाला हरण।
इण चरण प्रह्लाद परस्यां, इन्द्र पदवी धरण।
इण चरण ध्रुव अटल करस्यां, सरण असरण सरण।
इण चरण ब्रह्माण्ड भेट्यां नखसिखां गिरि भरण।
इण चरण कालियां णाथ्यां, गोपी लीला करण।
इण चरण गोबरधन धार्‌यां गरब मघवा हरण।
दासि मीरां लाल गिरधर, अगम तारण तरण। (पद 1)

परस, हरि रे चरण, सरण, असण, सरण में 'र' और दूसरी पंक्ति में स, ल की आवृतियां हैं।

इसी प्रकार 'अधर मधुर धर वंशी बजावां रीझ रिझावां ब्रजनारी' (पद 2) या 'अधर सुधारस मुरली राजां उर बैजंती माल' में 'र' की आवृत्ति है।

एक गेय पद में तो 'ट' की इतनी छटा है कि मैथिलीशरण गुप्त के प्रसिद्ध गीत 'नट नागर आज कहां अटके' की सहज याद आ जाती है। संभवतः गुप्त के अवचेतन में मीरा का यही गेय पद काम कर रहा था :

निपट बंकट छब अंटके।
म्हारे णेणा निपट बंकट छब अंटके।
देख्यां रूप मदन मोहन री, पियत पियूखन मटके।
बारिज भवां अलक मतवारी णेण रूप रस अंटके।
टेढ्या कट टेढे करि मुरली, टेढ्या पाग लर लटके।
मीरा प्रभु रे रूप लुभाणी गिरधर नागर नट के। (पद 10)

अनुप्रास केवल अंत्य नहीं, पंक्ति के बीच में भी अनुप्रास दो-दो या तीन शब्दों में। राजस्थानी भाषा की ध्वनिप्रवृत्ति के कारण 'ण' का प्रयोग बहुत ज्यादा मिलता है। ट, ण ध्वनियां तो कठोर मानी जाती हैं, फिर मीरा की कोमल भावनाओं की अभिव्यक्ति ये ध्वनियां कैसे कर लेती हैं।

ध्वनिगत कोमलता-कठोरता का बोध भाषानिरपेक्ष नहीं। कोमलता-कठोरता के बोध का निर्णायक ध्वनियों का प्रयोग-अप्रयोग या परिचय-अपरिचय होता है। जिस ध्वनि का प्रयोग हमारी भाषा में खूब होता है वह हमें कभी कटु नहीं लगेगी। ब्रजी, अवधी आदि में र, ल, त, द, ब, न, म, स आदि ध्वनियों का प्रयोग अपेक्षाकृत अधिक और ट, ड, ढ, ण आदि का कम होता है। ये ध्वनियां इसीलिए प्रवाह को बाधित कर देती हैं। अंत्याक्षरी खेलते समय ट, ठ, ड, ढ, ण से शुरू होनेवाली पंक्तियां बहुत ढूंढ़ने पर मिलती हैं। इसी विरल प्रयोग के कारण हमें कटु या अपरिचित लगती हैं। कुछ और भी कारण हो सकते हैं। यह देखा जाए कि विशिष्ट क्षेत्र में फल, फूल, चांद, उषा विभिन्न आकर्षक रंगों के बोधक शब्दों में कौन-सी ध्वनियां प्रयुक्त होती हैं। संभवतः ये ध्वनियां उस बोली की कोमल ध्वनियां बन जाती है। किंतु यह मेरा अनुमान है। इस विषय में किसी निष्कर्ष पर पहुंचने के लिए बहुत काम की जरूरत है। कहने का आशय यह है कि मीरा के पदों की कोमलता 'ण', 'ट' ध्वनियों की बहुलता से नष्ट नहीं होती, संभवतः वह बढ़ जाती है, क्योंकि जिस बोली में उन पदों की रचना हुई है उसमें ये ध्वनियां बहुप्रयुक्त, अति परिचित, अतः सहज हैं।

व्यंजनों के अनुप्रास के साथ-साथ मीरा के यहां स्वरों की आवृत्ति भी कम नहीं होती। ह्रस्व स्वरों के प्रयोग भी मीरा के यहां प्रवाह उत्पन्न करते हैं जैसे 'मण थें परस हरि के चरण' वाले पद में। लेकिन मीरा में दीर्घ स्वरों का अनुप्रास अधिक मिलेगा। दीर्घ स्वरों का और सानुनासिक दीर्घ स्वरों का :

मोर मुकुट माथ्यां तिलक बिराज्यां कुंडल अलकां कारी जी।
अधर मधुर धर वंशी बजावां रीझ रिझावां ब्रजनारी जी। (पद 2)
णाच्यां गावां ताल बजावां पावां आणद हांसी। (पद 7)

अनुमानतः दीर्घ स्वरों की आवृत्ति की प्रवृत्ति मीरा के यहां सभी भक्तकवियों से अधिक है। हो सकता है यह राजस्थानी भाषा की ही प्रवृत्ति हो।

मीरा का काव्य

मण थें परस हरि रे चरण ॥टेक ॥
सुभग शीतल कंवल कोमल, जगत ज्वाला हरण ।
इण चरण प्रह्लाद परस्यां, इन्द्र पदवी धरण ।
इण चरण ध्रुव अटल करस्यां, सरण असरण सरण ।
इण चरण ब्रह्माण्ड भेट्यां, नखसिखां गिरि भरण ।
इण चरण कालियां णाथ्यां गोपी लीला करण ।
इण चरण गोबरधन धार्यां गरब मधवा हरण ।
दासि मीरां लाल गिरधर, अगम तारण तरण ॥

तनक हरि चितवां म्हारी ओर ॥टेक ॥
हम चितवां थें चितवो णा हरि, हिबड़ों बड़ो कठोर ।
म्हारी आरा चिवतणि थारी, ओर णा दूजा दौर ।
ऊभ्यां ठाड़ी अरज करूं छूं करतां करतां भोर ।
मीरां रे प्रभु हरि अविनासी देस्यूं प्राण अंकोर ॥

म्हारो गोकुल रो ब्रजवासी ॥टेक ॥
ब्रजलीला लख जण सुख पांवा ब्रजवणतां सुखरासी ।
णाणाच्चां गांवा ताल वज्यावां, पावां आणद हांसी ।
णन्द जसोदा पुन्न री प्रगट्यां, प्रभु अविनासी ।
पीताम्बर कट उर बैजणतां, कर सोहा री बांसी ।
मीरां रे प्रभु गिरधर नागर, दरसण दीज्यो दासी ॥

हे मा बड़ी बड़ी अंखियन वारो, सांवरो मो तन हेरत हंसिके ॥टेक ॥
भौंह कमान बान बांके लोचन, मारत हियरे कसिके ।
जतन करो जंतर लिखी बांधों, ओखद लाऊं घंसिके ।
ज्यों ताकों कछु और बिथा हो, नाहिन मेरो बसिके ।
कौन जतन करों मोरी आली, चंदन लाऊं घसिके ।
जन्तर मन्तर जादू टोना, माधुरी मूरति बसिके ।
सांवरी सूरत आन मिलावो ठाढ़ी रहूं मैं हंसिके ।

रैजा रेजा भयो करेजा अन्दर देखो धंसिके।
मीरां तो गिरधर बन देखे, कैसे रहे घर बसिके॥

हेरी मा नन्द को गुमानी म्हांरे मनड़े बस्यो॥टेक॥
गहे द्रुम डार कदम की ठाड़ो मृदु मुसकाय म्हारी ओर हंस्यो।
पीताम्बर कट काछनी काछे, रतन जटित माथे मुकुट कस्यो।
मीरां के प्रभु गिरधर नागर, निरख बदन म्हारो मनड़ो फंस्यो॥

थारो रूप देख्यां अटकी॥टेक॥
कुल कुटुम्ब सजण सकल बार बार हटकी।
बिसर्‌चांणा लगण लगां मोर मुगट बटकी।
म्हारो मण मगण स्याम लोक कह्यां भटकी।
मीरां प्रभु सरण गह्यां जाण्या घट घट की॥

निपट बंकट छब अंटके।
म्हारे णेणा निपट बंकठ छब अंटके॥टेक॥
देख्यां रूप मदन मोहन री, पियत पियूखन मटके।
बारिज भवां अलक मतवारी, णेणे रूप रस अंटके।
टेढ़्य़ा कट टेढ़े करि मुरली, टेढ़्या पाग लर लटके।
मीरां प्रभु रे रूप लुभाणी, गिरधर नागर नटके॥

म्हा मोहणरो रूप लुभाणी॥ टेक॥
सुन्दर बदणा कमल दल लोचण बांकां चितवण णेणां समाणी॥
जमणा किणारे कान्हा धेनु चरावां, बंशी बजावां मीठ्ठां वाणी।
तण मण धण गिरधर पर वारां, चरण कंवल मीरां बिलमाणी॥

सांवरा नन्द नंदन, दीठ पड़्यां माई।
डार्‌यां सब लोकलाज सुध बुध बिसराई।
मोर चन्द्रमा किरीट मुगट छब सोहाई।
केसर री तिलक भाल, लोचन सुखदाई।
कुण्डल झलकां कपोल अलकां लहराई।
मीणा तज सरवर ज्यों मकर मिलन धाई।
नटवर प्रभु भेष धर्‌यां रूप जग लोभाई।
गिरधर प्रभु अंग-अंग मीरां बलि जाई॥

णेणां लोभां आटकां शक्यां णा फिर आय ॥ टेक ॥
रूंम-रूंम नखसिख लख्यां, ललक ललक अकुलाय ।
म्हां ठाढ़ी घर आपणे मोहन निकल्यां आय ।
बदन चन्द परगासतां, मन्द मन्द मुसकाय ।
सकल कुटुम्बां बरजतां, बोल्या बोल बणाय ॥
णेणा चञ्चल, अटक णा माण्या, परहथ गयां बिकाय ।
भलो कह्यां कांई कह्यां बुरोरी सब लया सीस चढ़ाय ।
मीरां रे प्रभु गिरधर नागर बिणा पल रह्यां णा जाय ।

आली री म्हारे णेणां बाण पड़ी ॥टेक ॥
चित्त चढ़ी म्हारे माधुरी मूरत, हिवड़ा अणी गड़ी ।
कब री ठाड़ी पथ निहारां, अपने भवण खड़ी ।
अटक्यां प्राण सांवरो प्यारो, जीवण मूर जड़ी ।
मीरां गिरधर हाथ बिकाणी, लोग कह्यां बिगड़ी ।

असा प्रभु जाण न दीजै हो ॥ टेक ॥
तन मन धन करि वारणै, हिरदे धरि लीजै, हो ॥
आव सखी मुख देखिये, नैणां रस पीजै, हो ।
जिह जिह विधि रीझै हरी, सोई विधि कीजै, हो ।
सुन्दर स्याम सुहावणा, मुख देख्यां जीजै, हो ।
मीरां के प्रभु रामजी, बड़ भागण रीझै, हो ॥

म्हां गिरधर आगां, नाच्यारी ॥टेक ॥
णाच णाच म्हां रसिक रिझावां, प्रीत पुरातन जांच्या री ।
स्याम प्रीत री बाँध घुँघर्यां मोहण म्हारो सांच्यांरी ।
लोक लाज कुलरा मरजादां जगमां णेक णा राख्यांरी ।
प्रीतम पल छण णा बिसरावां, मीरां हरि रंग राच्यांरी ॥

म्हारां री गिरधर गोपाल दूसरा णां कूयां ।
दूसरां णां कूयां साधां सकल लोक जूयां ॥ टेक ॥
भाया छांड्यां, बन्धा छांड्यां छांड्यां संगा सूयां ॥
साधां ढिग बैठ बैठ, लोक लाज खूयां ।
भगत देख्यां राजी ह्यां, जगत देख्यां रूयां ।
असुवां जल सींच सींच प्रेम बेल बूयां ।

दध मथ घृत काढ़ लयां डार दया छूयां।
राणा विषरो प्यालो भेज्यां पीय मगण हूंया।
मीरां री लगण लग्यां होणा हो जो हूंया॥

माई सांवरे रंग राची ॥टेक॥
साज सिंगार बांध पग घूंघर, लोकलाज तज नाची।
गयां कुमत लयां साधां संगत श्याम प्रीत जग सांची।
गायां गायां हरि गुण निसदिन, काल ब्याल री बांची।
स्याम बिणा जग खारां लागां, जगरी वातां कांची।
मीरां सिरि गिरधर नट नागर भगति रसीली जांची॥

मैं गिरधर के घर जाऊं॥ टेक॥
गिरधर म्हांरों सांचो प्रीतम, देखत रूप लुभाऊं।
रैण पड़ै तब ही उठि जाऊं, भोर गये उठि आऊं।
रैणदिना वाके संग खेलूं, ज्यूं त्यूं वाहि लुभाऊं।
जो पहिराबै सोई पहिरूं, जो दे सोई खाऊं।
मेरी उणकी प्रीत पुराणी, उण विण पल न रहाऊं।
जहां बैठावें तितही बैठूं बेचे तो बिक जाऊं।
मीरां के प्रभु गिरधर नागर, बार बार बलि जाऊं॥

माई री म्हा लियां गोविन्दां मोल ॥टेक॥
थे कह्यां छाणे म्हां कांचोड्डे लियां बजन्ता ढोल।
थे कह्यां मुंहौधो म्हां कह्यां सस्तो, लिया री तराजां तोल।
तण वारां महां जीवन वारां, वारां अमोलक मोल।
मीरां कूं प्रभु दरसण दीज्यां पूरब जणम की कोल॥

मीरा लागौ रंग हरी, औरन अंटक परी ॥टेक॥
चूड़ो म्हांरे तिलक अरु माला, सील बरत सिंणगारो।
और सिंगार म्हांरे दाय न आवै, यों गुर ग्यान हमारो।
कोई निन्दो कोई बिन्दो म्हें तो, गुण गोविन्द का गास्यां।
जिण मारग म्हारां साध पधारै, उण मारग म्हे जास्यां।
चोरी न करस्यां जिव न सतास्यां, कोई करसी म्हांरो कोई।
गज से उतर के खर नहिं चढ़स्यां, ये तो बात न होई॥
आलो सहेल्या रली करां हे, पर घरं गवण निवारि।

झूठा माणिक मोतिया री, झूठी जगमग जोति।
झूठा आभूषणा री, सांची पियाजी री पोति।
झूठा पाट पटंबरा रे, झूठा दिखणी चीर।
सांची पियाजी री गूदड़ी जामे निरमल रहें सरीर।
छप्पन भोग बुहाइ दे हे, इन भोगनि में दाग।
लूण अलूणों ही भलो हे अपणे पियाजी को साग।
देखि बिराणै निवांण कूं हे, क्यूं उपाजवै खीज।
कालर अपणो ही भलो हे, जामें निपजै चीज।
छैल विराणो लाख को हे, अपणे काज न होइ।
ताके संग सीधारतां हे, भला न कहसी कोइ।
वर हीणों अपणों भलो हे, कोढ़ी कुष्टी कोइ।
जाके संग सीधारतां हे, भला कहै सब लोइ॥
अविनासी सूं बालवां हे, जिनसूं प्राची प्रीत।
मीरां कूं प्रभु मिल्या हे; एही भगति की रीत॥

माई म्हाणे सुपणा मां परण्यां दीनानाथ।
छप्पण कोटां जणां पधार्‌यां दूल्हो सिरी ब्रजनाथ।
सुपणा मां तोरण बंध्यारी सुपणामां गह्या हाथ।
सुपणा मां म्हारे परण गया पायां अअल सोहाग।
मीरां रो गिरधर मिल्यारी, पुरब जणम रो भाग॥

थें मत बरजां माइरी, साधां दरसण जावां।
स्याम रूप हिरदां बसां, म्हारे ओर णां भावां।
सब सोवां सुख नींदड़ी म्हारे नैण जगावां।
ग्याण नसां जग बावरा ज्याकूं जाकूं स्याम णा भावां।
मा हिरदां बस्या सांवरो म्हारे णींद न आवां।
चौमास्यां री बावड़ी, ज्या कूं नीर णा पीवां।
हरि निर्झर अमरित झर्‌या; म्हारी प्यास बुझावां।
रूप सुरंगा सांवरो, मुख निरखण जावां।
मीरां व्याकुल विरहिणी अपणी कर ल्यावां॥

बरजी री म्हां स्याम विणा न रह्या॥टेक॥
साधां संगत हरि सुख पास्यूं जगसूं दूर रह्या।
तण मण म्हारां जावां जास्यां, म्हारे सीख लह्या।

मण म्हारो लग्यां गिरधारी जगरा बोल सह्या ।
मीरां रे प्रभु हरि अबिनासी, थारी सरण गह्यां ॥

नहिं सुख भावै थांरो देसलड़ो रंगरूड़ो ॥टेक ॥
थांरे देसां में राणा साध नहीं छै, लोग बसै सब कूड़ो ।
गहणा गांठी राणा हम सब त्यागा, त्याग्यो कर रो चूड़ो ।
काजल टीकी हम सब त्यागा, त्याग्यो छै बांधन जूड़ो ।
मीरां के प्रभु गिरधर नागर, बर पायो छै पूरो ॥

राणाजी म्हाने या बदनामी लगे मीठी ॥टेक ॥
कोई निन्दो कोई बिन्दो, मैं चलूंगी चाल अपूठी ।
सांकडली सेर्‌यां जन मिलिया क्यूं कर फिरूँ अपूठी ।
सत संगति मा ग्यान सुणै छी, दुरजन लोगां ने दीठी ।
मीरां रो प्रभु गिरधर नागर, दुरजन जलो जा अंगीठी ॥

राणाजी थे क्यांने राखो म्हांसू बैर ॥टेक ॥
थे तो राणा जी म्हांने इसड़ा लागौ ज्यों ब्रच्छन में कैर ।
महल अटारी हम सब त्यागे, त्याग्यो थांरो बसनों सहर ।
कागज टीकी राणा हम सब त्याग्या भगवीं चादर पहर ।
मीरां के प्रभु गिरधर नागर, इमरित कर दियो जहर ॥

सीसोद्यो रूठ्‌यो म्हांरो कोई करलेसी ।
म्हें तो गुण गोविन्द का गास्यां, हो माई ॥टेक ॥
राणो जी रूठ्‌यां बांरो देस रखासी ।
हरि रूठ्‌यां कुम्हलास्यां, हो माई ।
लोक लाज की काण न मानूं ।
नरभै निसाणा घुरास्यां हो माई ।
स्याम नाम का झांझ चलास्यां ।
भवसागर तर जास्यां हो माई ।
मीरां सरण संवल गिरधर की ।
चरण कंवल लपटांस्यां, हो माई ॥

पग बांध घूंघर्‌यां पाच्यांरी ॥टेक ॥
लोग कह्यां मीरां बावरी, सासु कह्यां कुलनासां री ।

विख रो प्यालो राणा भेज्यां, पीवां मीरा हांसां री ।
तण मण वार्‌यां हरि चरणामां दरसण अमरित प्यास्यां री ।
मीरां के प्रभु गिरधर नागर, धारी सरणां आस्यां री ॥

राणाजी थे जहर दियो म्हे जाणी ॥टेक ॥
जैसे कंचन दहत अगिन में, निकसत वारावाणी ।
लोकलाज कुल काण जगत की, दइ बहाय जस पाणी ।
अपणे घर का परदा करले, मैं अबला बौराणी ।
तरकस तीर लग्यो मेरे हियरे, गरक गयौ सनकाणी ।
सब संतन पर तन मन वारों चरण कंवल लपटाणी ।
मीरां को प्रभु राणि लई है, दासी अपणी जाणी ॥

माई म्हां गोविन्द गुण गाणा ॥टेक ॥
राजा रूठ्यां नगरी त्यागां, हरि रूठ्यां कठ जाणा ।
राणा भेज्या विखरो प्यालो चरणामृत पी जाणा ।
काला नाग पिटार्‌यां भेज्या, सालगराम पिछाणा ।
मीरां गिरधर प्रेम दिवांणी, सांवल्या वर पाणा ॥

मीरां मगन भई हरि के गुण गाय ॥टेक ॥
सांप पिटारा राणा भेज्यां, मीरा हाथ दियो जाय ।
न्हाय धोय जब देखण लागी, सालिगराम गई पाय ।
जहर का प्याला राणा भेज्या, अमृत दीन्ह बनाय ।
हाथ धोय जब पीवण लागी, हो गई अमर अंचाय ।
मूव सेज राणा ने भेजी, दीज्यो मीरां सुलाय ।
सांझ भई मीरां सोवण लागी, मानो फूल बिछाय ।
मीरां के प्रभु सदा सहाई राखे बिघन हटाय ।
भजन भाव में मस्त डोलती गिरधर पै बलि जाय ॥

हेली म्हासूं हरि बिन रह्यो न जाय ॥टेक ॥
सास लड़ै मेरी ननद खिजावैं, राणा रह्या रिसाय ।
पहरो भी राख्यो चौकी बिठार्‌यो ताला दियो जड़ाय ।
पूर्व जन्म की प्रीत पुराणी, सो क्यूं छोड़ी जाय ।
मीरां के प्रभु गिरधर नागर, अवरु न आवे म्हांरी दाय ॥

जोगिया जी निसदिन जोवां थारी बाट ॥टेक ॥
पांव न चालै पंथ दुहेली, आड़ा औघट घाट ।
नगर आइ जोगी रम गया रे, मो मन प्रीति न पाइ ।
मैं भोली भोलापन कीन्हों राख्यौ नहि बिलमाइ ।
जोगिया कूं जोबत बोहो दिन बीता अजहूं आयो नाहिं ।
बिरह बुझावण अन्तरि आवो, तपन लगी तन माहिं ।
कै तो जोगि जग में नाहीं कैर बिसारी मोइ ।
कांइ करूँ कित लाऊंरी सजनी नैण गुमायो राइ ।
आरति तेरी अन्तरि मेरे, आलो अपनी जाणि ।
मीरां व्याकुल बिरहिणी रे तुम बिन तलफत प्राणि ॥

अखयां तरश दरसण प्यासी ।
मग जोवां दिण बीतां सजणी, णैण पड़्या दुखरासी ।
डारा बैठ्या कोयल बोल्या, बोल सुणाया री गासी ।
कड़वा बोल लोक जग बोल्या, करस्यां म्हारी हांसी ।
मीरां हरि के हाथ बिकाणी, जणम जणम री दासी ॥

जोगी मत जा मत जा मत जा, पांय परूं मैं तेरी चेरी हों ॥टेक ॥
प्रेम भगति को पैडो ही न्यारो हमकूं गैल बता जा ।
अगर चंदण की चिता रचाऊं, अपने हाथ जला जा ।
जल बल भई भस्म की ढेरी, अपने अंग लगा जा ।
मीरां कहे प्रभु गिरधर नागर जोत में जोत मिला जा ॥

छोड़ मत जाज्यो जी महाराज ॥टेक ॥
म्हा अबला बल म्हारो गिरधर, थे म्हारो सरताज ।
म्हा गुणहीन गुणागर नागर, म्हा हिवड़ो रो साज ।
जग तारण भा भीत निवारण, थे राख्यां गजराज ।
हार्‌या जीवन सरण रावली, कठे जावां ब्रजराज ।
मीरां रे प्रभु और णा कांई, राखा अबरी लाज ॥

ऐसी लगन लगाइ कहां तू जासी ॥ टेक ॥
तुम देख्यां बिन कल न परति है, तलफ तलफ जिव जासी ।
तेरे खातिर जोगण, हूंगी, करवत लूंगी कासी ।
मीरां के प्रभु गिरधर नागर, चरण कंवल की दासी ॥

पिया म्हांरे नैणा आगां रहज्यों जी ॥टेक ॥
नैणां आगां रहज्यों म्हांणे भूल णा जाज्यो जी।
भौ सागर म्हां बूड़्या चाहां, श्याम को सुध लीज्यो जी।
राणा भेज्या विष रो प्यालो, थें इमरत कर दीज्यो जी।
मीरां के प्रभु गिरधर नागर, मिल बिछड़न मत कीज्यो जी ॥

थांणें कांई कांई बोल सुणावा म्हांरा सांवरां गिरधारी ॥टेक ॥
पूरब जणम री प्रीत पुराणी, जावा णां गिरधारी।
सुन्दर बदन जोवतां साजण, थारी छबि बलिहारी।
म्हारे आँगण स्याम पधारां, मंगल गावां नारी।
मोती चौक पुरावां णेणां, तण मण डारां वारी।
चरण सरण री दासी मीरां जणम जणम री क्वांरी ॥

देखां माई हरि मण काठ कियां ॥टेक ॥
आवण कह गयां अजा ण आयां, कर म्हाणे कोल गयां।
खाणा पाणा सुध बुध बिसर्यां, कोई म्हारों प्राण जियां।
थारो कोल विरुद जग थारो, थे कांई बिसर गयां।
मीरां रे प्रभु गिरधर नागर, थे विण फटा हियां ॥

जोगिया से प्रीत कियां दुख होइ ॥टेक ॥
प्रीत कियां सुख ना मोरी सजनी, जोगी मित न कोई।
रात दिवस कल नाहिं परत है, तुम मिलियां बिनि मोई।
ऐसी सूरत या जग मांही फेरि न देखी सोई।
मोरां रे प्रभु कबरे मिलोगे, मिलयां आंणद होई ॥

जोगियारी प्रीतड़ी है दुखड़ा रो मूल ॥टेक ॥
हिल मिल बात बणावत मीठी, पीछे जावत भूल।
तोड़त जेज करत नहिं सजनी, जैसे चंबेली के फूल।
मीरां कंहे प्रभु तुमरे दरस बिन, लगत हिवड़ा सूल ॥

गिरधर रीसाणा कोन गुणां ॥टेक ॥
कछुक ओगुण हम पै काढौ, मैं भी कान सुणां।
मैं तो दासी थारां जनम जनम की, थें साहब सुगणा।

मीरां कहे प्रभु गिरधर नागर, थारोई नाम भणा ॥
हरि थें हर्‌या अण रो भीर ॥टेक ॥
द्रोपता री लाज राख्यां थे बढ़ायां चीर ।
भगत कारण रूप नरहरि, धर्‌या आप सरीर ।
बूड़तां गजराज राख्यां, कट्‌यां कुंजर भीर ।
दासि मीरां लाल गिरधर, हरां म्हारी भीर ॥

प्रभुजी कह्यां गया नेहड़ा लगाय ॥ टेक ॥
छोड्‌यो म्हां विस्वास संगाती, प्रीत री बाती जलाय ।
विरह समंद में छोड़ गया छो, नेह री नाव चलाय ।
मीरां रे प्रभु कबरे मिलोगे थे विण रह्यां ण जाय ॥

डारि गयो मनमोहन पासी ॥टेक ॥
आंबा की डालि कोइल इक बोले, मेरो मरण अरु जग केरी हांसी ।
बिरह की मारी मैं बन डोलूं, प्राण तजू करवत ल्यूं कासी ।
मीरां रे प्रभु हरि अविनासी, तुम मेरे ठाकुर मैं तेरी दासी ॥

माई म्हारी हरिहूं णा बूझयां बात ॥टेक ॥
पिंड मांसूं प्राण पापी, निकसि क्यूं णा जात ।
पटा णा खोल्या, मुखां णा बोल्या सांझ भयां परभात ।
अबोलणां जुग बीतणां लागां कायांरी कुसलात ।
सावण आवण हरि आवण री, सुण्या म्हाणे बात ।
धोर रैणां बीजु चमकां बार गिणतां प्रभात ।
मीरां दासी स्याम राती, ललक जीवणां जात ॥

सांवलिया म्हारो छाय रह्या परदेश ।
म्हारा बिछड्‌या फेर न मिलया भेज्या णा एक सन्नेस ।
रतण आभरण भूखण छांड्‌या, खोर कियां सिर केस ।
भगवां भेख धर्‌यां थे कारण, ढूढ्‌यां चार्‌यां देस ।
मीरां रे प्रभु स्याम मिलण विणा जीवनि जनम अनेस ॥

हेरी म्हा दरद दिवाणां म्हारां दरद न जाण्यां कोय ॥ टेक ॥
घायल री गत घायल जाण्यां, हिबड़ो अगण संजोय ।
जौहर की गत जौहर जाण्यां, क्या जाण्यां जिण खोय ।

दरद की मार्‌यां दर दर डोलयां बैद मिल्या णा कोय।
मीरां री प्रभु पीर मिटांगा जब वैद सांवरो होय॥

को बिरहिनी को दुख जांणै हो॥टेक॥
जा घट बिरहा सोइ लखि है, कै कोई हरिजन मानै हो।
रोगी अंतर वैद बसत है, वैद ही औखद जांणै हो।
विरह दरद उरि अंतरि मांही, हरि विणि सब सुख कांनै हो।
दुगधा आरण फिरै दुखारी, सुरत, बसी सुत मांनै हो।
चात्रंग स्वाति बूंद मन मांही, पील उकलांणै हो।
सब जग कूड़ो कंटक दुनिया, दरध न कोई पिछांणै हो।
मीरां के पति रमैया, दूजो नहिं कोई छांणै हो॥

पतियां मैं कैसे लिखूं, लिख्योरी न जाय॥ टेक॥
कलम धरत मेरो कर कंपत है नैन रहे झड़ लाय।
बात कहूं तो कहत न आवै, जीव रह्यो डरराय।
विपत हमारी देख तुम चाले, कहिया हरिजी सूं जाय।
मीरां के प्रभु गिरधर नागर चरण ही कंवल रखाय॥

होली पिया बिणा लागां री खारी॥टेक॥
सूनो गांव देस सब सूनो, सूनी सेज अटारी।
सूनो बिरहन पिव विण डोलां, तज गया पीव पियारी।
विरहा दुख मारी।
देस विदेसा णा जावां म्हारो अणेशा भारी।
गणतां गणता घिस गयां रेखां, आंगरियां री सारी।
आयां णा री मुरारी।
बाज्यो झांझ मृदंग मुरलिया बाज्यां कर इकतारी।
आया बसंत पिया घर णांरी, म्हारी पीड़ा भारी।
स्याम क्यांरी बिसारी।
ठाड़ी अरज करां गिरधारी, राख्यां लाज हमारी।
मीरां रे प्रभु मिलव्यो माधो, जनम जनम री क्वांरी।
मण लागी दरसण तारी॥

मतवारे बादर आए रे, हरि को सनेसो कछू न लाये रे॥टेक॥
दादुर मोर पपइया बोलै, कोयल सबद सुणाये रे।

(इक) कारीं अंधियारी बिजली चमकै, बिरहिणी अति डरपाये रे।
(इक) गाजै बाजै पवन मधुरिया, मेहा अति झड़ लाये रे।
(इक) कारो नाग बिरह अति जारो, मीरां मन हरि भाये रे॥

हे मेरो मन मोहना।
आयो नहीं सखी री, हे मेरो ॥टेक॥
कै कहुं काज किया संतन का, कै कहुं गैल भुलावना।
कहा करूं कित जाऊं मोरी सजनी, लाग्यो है विरह सतावना।
मीरां दासी दरसण प्यासी, हरि चरणां चित लावणा॥

री म्हां बैठ्यां जागा, जगत सब सोवां॥ टेक॥
विरहण बैठ्या रंगमहल मां, णेणा लड़्या पोवां।
तारां गणतां रेण बिहानां मुख घड़ियारी जोवां।
मीरां रे प्रभु गिरधर नागर, मिल पिछड़्या णा होवां॥

सखी म्हारी नींद नसाणी हो।
पिय रो पंथ निहारत सब रैण विहाणी हो ॥टेक॥
सखियन सब मिल सीख दयां मण एक णा मानी हो।
बिन देख्यां कल ना पड़ां मण रोस णा ठानी हो।
अंग खीण व्याकुल भयां मुख पिय पिय वाणी हो।
अन्तर वेदन बिरह री म्हारी पीड़ णा जाणी हो।
ज्यूं चातक घणकूं रटै मछरी ज्यूं पाणी हो।
मीरां व्याकुल बिरहणी, सुध बुध बिसराणी हो॥

हरि विण क्यूं जिवां री माय ॥टेक॥
स्याम बिना बौरा भयां मण काठ ज्यूं घुण खाय।
मूल ओखद णा लाग्यां, म्हाणे प्रेम पीड़ा खाय।
मीण जल बिछुड़्या णा जीवां तलफ मर मर जाय।
ढूंढतां वण स्याम डोला, मुरलिया धुंण पाय।
मीरां रे प्रभु लाल गिरधर, वेग मिलस्यो आय॥

स्याम मिलण रे काज सखी, उर आरति जागी ॥टेक॥
तलफ तलफ कल णा पड़ां विरहानल लागी।
निसदिन पंथ निहारां पिवरो, पलक णा पल भर लागी।

पीव पीव म्हां रटां रैण दिन लोक लाज कुल त्यागी।
विरह भवंगम डस्यां कलेजा लहर हलाहल जागी।
मीरां व्याकुल अति अकुलाणी स्याम उमंगा लागी॥

स्याम सुन्दर पर बारां जीवड़ा डारां स्याम ॥टेक॥
थारे कारण जग जण त्यागां लोक लाज कुल डारां।
ये देख्यां विण, कल णा पड़तां, णेणां चलतां धारां।
क्लासूं कहवां कोण बुझवां कठण बिरह री धारां।
मीरां रे प्रभु दरसण दीस्यो ये चरणां आधारां॥

जोगी म्हांने, दरस दियां सुख होइ।
नातिर दुख जग माहिं जीवड़ो, निसदिन झूरै तोइ
दरद दिवाणी भई बावरी, डोली सब ही देस।
मीरां दासी भई हैं पंडर पलट्या काला केस॥

म्हारे घर रमतो ही जोगिया तू आंव॥ टेक॥
कानां विच कुंडल गले बिच सेली, अंग भभूत रमाय।
तुम देख्यां विण कल न पड़त है, ग्रिह अंगणों ण सुहाय।
मीरां के प्रभु हरि अविनासी, दरसण द्यौ ण मोकूं आंय॥

आवो मनमोहनाजी मीठी थारो बोल ॥टेक॥
बालपनां की प्रीत रमइया जी, कदे नाहिं आयो थारो तोल।
दरसण विण मोहि जक णपरत है, चित्त मेरो डावांडोल।
मीरां कहै मैं भई रावरी, कहो तो बजाऊं ढोल॥

दरस विण दूखां म्हारा णैण॥ टेक॥
सबदां सुणतां मेरी छतियां कांपां मीठो थारो वैण।
विरह विथा कांसू री कह्यां पेठां करवत ऐण।
कल णां पड़तां हरि मग जोवां भयां छमासी रैण।
वे बिछड्या म्हां कलपां प्रभुजी, म्हारो गयो सब चैण।
मीरां रे प्रभु कबरे मिलोगां, दुख मेटण सुख दैण॥

म्हाणे क्या तरसावां ॥टेक॥
थारे कारण कुल-जग छाड्यां, अब थें क्यां बिसरायां।

विरह बिथा ल्याया उर अन्तर, थें आस्यां णा बुझावां ।
अब छाड्या णा वणे मुरारी सरण गह्यां वल जावां ।
मीरां दासी जणम जणम री भगता पैजणि भावां ॥

नागर नन्दकुमार, लाग्यो थारी णेह ॥टेक ॥
मुरली धुण सुण सुण बीसरां म्हारो कुणवो गेह ॥
पाणी पीर णा जाणई मीण तलफि तज्यां देह ।
दीपक जाण्या पीर णा पतंग जल्या जल खेह ।
मीरां रे प्रभु सांवरो रे थें विण देह अदेह ॥

म्हांरो जणम जणम रो साथी थांने णा बिसर्‌यां दिन राती ॥टेक ॥
था देख्यां विण कल णा पड़ता जाणे म्हारी छाती ।
ऊंचा चढ़चढ़ पंथ निहार्‌या कलप कलप अखियां राती ।
भो सागर जग बन्धण जूंठा, झूंठा कुलरा न्याती
पल पल थारो रूप निहारां निरख निरख मदमांती ।
मीरां रे प्रभु गिरधर नागर हरि चरणां चित्त रांती ॥

पिया मोहि दरसण दीजै, हो ।
वेर वेर मैं टेरहूं, अहे कृपा कीजै हो ॥टेक ॥
जेठ महीने जल विणा पंछी दुख होइ, हो ।
मोर आसाढ़ां कुरलहे, धन चात्रग सोई, हो ।
सावण में झड़ लागियो, सखि तीजां खेलै हो ।
भादवै नदिया बहै, दूरी जिन मेलै हो ।
सीप स्वाति ही झेलती, आसोजां सोई, हो ।
देव काती में पूजहे, मेरे तुम होई, हो ।
मगसर ठंड बहोती पड़ै, मोहि वेगि सम्हालो, हो ।
पोस मही पाला धणा, अबही तुम न्हालो, हो ।
महा महीं बसंत पंचमी, फागा सब गावै हो ।
फागुण फागा खेल है, वणराइ जरावै हो ।
जैत चित्त में ऊपजी, दरसण तुम दीजै हो ।
बैसाख वणराइ फैलवे, कोइल कुरलीजै हो ।
काग उड़ावत दिन गया, बूझूं पिंडत, जोसी हो ।
मीरां विरहिणि व्याकुली, दरसण कब होसी, हो ।

जोगिया जी आज्यो जी इण देस ॥टेक ॥
नैणज देखूँ नाथ नै धाई करूं आदेस ।
आया सावण भादवा भरीया जल थल ताल ।
रावल कुण विलमाइ राखो, विरहणि है बेहाल ।
बछरचा वौ हो दिन भया विसरयो पलक न जाइ ।
एक बेरी देह फेरी, नगर हमारे आइ ।
वा मूरति म्हारे मण बसे छिन भरि रह्यौइ ण जाइ ।
मीरां रे कोई ना हीं दूजौ, दरसण यौरई आइ ॥

जोगिया ने कहज्यो जी आदेस ॥टेक ॥
जोगिया चतुर सुजाण, सुजाणी ध्यावै संकर सेस ।
आऊँगी मैं नाह रहूँगी (रे म्हारा) पीव बिना परदेस ।
करि किरपा प्रतिपाल, मो परि, राखो ण आपण देस ।
माला मुदरा मेखला रे बाला, खप्पर लूंगी हाथ ।
जोगणि होइ जुग ढूंढसूं रे, म्हारा रावलियारा साथ
सावन आवण कह गया बाला, कर गया कौल अनेक ।
गिणता-गिणता धंस गई रे म्हाँरा आंगलियारी रेख ।
पीव कारण पीली पड़ी बाला, जोवन बाली बेस ।
दास मीरां राम भजि कै, तण मण कीन्हां पेस ॥

आजु शुण्या हरि आवां री, आवां री मण भावां री ॥टेक ॥
हरि णा आवां गेल लखावाँ, बाण पह्या लकचावांरी ।
णेणा म्हारा कह्यां णा माणा णीर, झार्‌या निश जावांरी ।
कोई कर्‌या कछु णा बस म्हारा, णा म्हारे पंख उड़ावांरी ।
मीरां रे प्रभु गिरधर नागर, बाट जोहां थें आवांरी ॥

आव सजनिया बाट मैं जोऊं, तेरे कारण रैण न सोऊं ॥टेक ॥
जक ण परत मन बहुत उदासी, सुन्दर स्याम मिली अविनासी ।
तेरे कारण सब हम त्यागे, षाण षाण पै मण नहीं लागे ।
मीरां के प्रभु दरसण दीज्यौ, मेरी अरज काण संण लीज्यौ ॥

थें बिण म्हारे कोण खबर ले, गोबरधन गिरधारी ।
मोर मुकुट पीतांबर शोभां, कुंडल री छब न्यारी ।
भरी सभा मां द्रुपद सुतां री, राख्या लाज मुरारी ।

मीरां रे प्रभु गिरधर नागर, चरण कंवल बलिहारी ॥

हरि म्हारो सुणज्यो, अरज महाराज।
मैं अबला बल नाहिं, गोसाईं, राखो अबकै लाज।
रावरी होई कणोरे जाऊं, है हरि हिबड़ारो साज।
हयको बपु धरि दैत संघार्‌यो सार्‌यो देवन को काज।
मीरां के प्रभु और न कोई तुम मेरे सिरताज ॥

गिरधारी शरणां थारी आया, राख्यां किरण निधान ॥टेक ॥
अजामील अपराधी तार्‌यां तार्‌यां नीच सदाण।
डूबतां गजराज राख्यां गणका चढ़या विमाण।
अवर अघम बहुता थें तार्‌यां, भाख्या सणत सुजाण।
भीलण कुबजा तार्‌यां गिरधर, जाण्यां सकल जहाण।
बिरद बखाणां गणतां णा जाणा थाकां वेद पुराण।
मीरां प्रभु री शरण रावली विणतां दीस्यों काण ॥

मेरी कानां सुणज्यो जी करुणा निधाण ॥टेक ॥
रावलो विड़द म्हाणे रुढ़ो लागां, पीड़त म्हारो प्राण।
सगां सनेहां म्हारे णां क्यांइ, वस्यां सकल जहाण।
ग्राह गह्यां गजराज उबार्‌यां, अछत कर्‌यां, बरदाण।
मीरां दासी अरजां करता म्हारो सहारी णा आण ॥

म्हां सुण्यां हरि अधम उधारण।
अधम उधारण भव तारण ॥टेक ॥
गज बूडतां अरज सुण धाथां, भगतां कष्ट निवारण।
द्रुपद सुता णा चीर बढ़ायां, दुसासण मद मारण।
प्रहलाद परतग्या राख्यां, हरणाकुस णो उद्र विदारण।
थें रिख पतणी किरपा पायां, विप्र सुदामां विपत विदारण।
मीरां रे प्रभु अरजी म्हारी, अब अबेर कुण कारण ॥

म्हारे नैणां आगे रहाजो जी, स्याम गोविन्द ॥टेक ॥
दास कबीर घर बालद जो लायां नामदेव की छान छवन्द।
दास धना को खेत निपजायो, गज की टेर सुनन्द।
भीलणी का बेर सुदामा का तान्दुल, भर मुठड़ी बुकन्द।

करमाबाई को खींच आरोग्यो, होई परसण पाबन्द ।
सहस गोप बिच स्याम बिराजे, ज्यों तारा बिच चन्द ।
सब सन्तों का काज सुधारा, मीरां सूं दूर रहन्द ॥

पिया थारै नाम लुभाणी जी ॥टेक ॥
नाम लेतां तिरतां सुण्यां, जग पाहण पाणी जी ।
कीरत कांई णा किया, घणा करम कुमाणी जी ।
गणका कीर पढ़ावतां, बैकुण्ठ बसाणी जी ।
अरध नाम कुंजर लयां, दुख अवध घटाणी जी ।
गरुडा छांड पग धाइयां पसुजूण पटाणी जी ।
अजांमेल अध ऊधरे जम त्रास ण्सानो जी ।
पूतनाम जस गाइयां, जग सारा जाणी जी ।
सरणागत थें वर दिया, परतीत पिछाणी जी ।
मीरां दासी रावली, अपणी कर जाणी जी ॥

नंदनंदन मण भायां बादला णभ छायां ॥टेक ॥
इत मण गरजां उत घण लरजां चमकां बिज्जु डरायां ।
उमड़ घुमड़ घण छायां पवण चल्यां पुरवायां ।
दादुर मोर पपीहा बोलां, कोयल सबद सुणायां ॥
मीरां रे प्रभु गिरधर नागर, चरण कंवल चित लायां ।

सुण्यारी म्हारे हरि आवांगा आज ॥टेक ॥
म्हैलां चढ़ चढ़ जोवां सजणी कब आबां महाराज ।
दादुर मोर पपीहा बोल्यां कोइल मधुरां साज ।
उमग्यां इन्द्र चहूं दिस बरसां दामण छोड़्या जाज ।
धरती रूप नवां नवां धर्‌यां इन्द्र मिलण रे काज ।
मीरां रे प्रभु गिरधर नागर बेग मिल्यो महाराज ॥

रे सांवलिया म्हारे आज रंगीली गणगौर, छै जी ॥टेक ॥
काली पीली बदली में बिजली चमके, मेघ घटा घनघोर, छै जी ।
दांदुर मोर पपीहा बोले, कोयल कर रही सोर, छै जी ।
मीरां के प्रभु गिरधर नागर, चरणां में म्हारो जोर, छै जी ॥

बरसां री बदरिया सावण री, सावण री मणभावण री ॥

सावन मां, उमग्यो म्हारो मण री, भणक सुण्यां हरि आवण री।
उमड़ घुमड़ घण मेघां आयां, दामण घण झर लावण री।
बीजां बूंद मेहां आयां बरसा सीतल पवन सुहावण री।
मीरां के प्रभु गिरधर नागर, बेला मंगल गावण री॥

सांबरे मार्‌या तीर।
री म्हारा पार निकर गयां, सांवरे मार्‌या तीर॥ टेक॥
विरह अनल लागां उर अन्तरि, व्याकुल म्हारां सरीर।
चंचल चित चल्या णा चाला, बांध्या प्रेम जंजीर।
क्या जाणा म्हारो प्रीतम प्यारो, क्या जाणा म्हा पीर।
म्हारो काई णा बस सजणी, नैण झर्‌यां दोऊ नीर।
मीरां रो प्रभु थें मिलिया विणि, प्राण धरत णा धीरं॥

लेतां लेतां राम नाम रे, लोकड़ियां तो लाजां मरे छै॥टेक॥
हरि मन्दिर जांता पांवलिया रे दूखे, फिर आवे सारो गाम, रे,
झगड़ो थाय त्यौ दौड़ी ने जाय रे, मूकी ने घर ना काम, रे,
भांड़ भवैया गणिका म्रित करतां, बेसी रहे चाले जाम, रे।
मीरांना प्रभु गिरधर नागर, चरण कमल चित हाम, रे॥

आली म्हाणे लागा वृन्दावण नीकां॥टेक॥
घर-घर तुलसी ठाकुर पूजा, दरसण गोविन्दजी कां।
निरमल नीर बह्यां जमणां मां, भोजन दूध दही कां।
रतण सिंहासण आप विराज्यां, मुगट धर्‌यां तुलसी कां।
कुंजन-कुंजन फिर्‌या सांवरा, सबद सुण्या मुरली कां।
मीरां रे प्रभु गिरधर नागर, भजण बिणा नर फीकां॥

चालां मणवा जमण कां तीर॥टेक॥
वा जमणा का निरमल पाणी, सीतल होयां सरीर।
बंसी बजांवा कान्हां, संग लियां बलवीर।
मोर मुकट पीताम्बर सोहां, कुण्डल झलक्यां हीर।
मीरां रे प्रभु गिरधर नागर, क्रीड्‌यां संग बलवीर॥

सखी म्हारो कानूड़ो कलेजे की कोर॥ टेक॥
मोर मुकुट पीताम्बर सोहै, कुण्डल की झकझोर।

बिन्द्राबन की कुंज गलिन में नाचत नन्दकिसोर।
मीरां के प्रभु गिरधर नागर, चरण कंवल चितचोर॥

जगो बंसीवारे ललना, जागो मोरे प्यारे ॥टेक॥
रजनी बीती भोर भयो है घर-घर खुले किवारे।
गोपी दही मथत सुनियत है, कंगना के झणकारे।
उठो लालजी भोर भयी है सुर नर ठाढ़े द्वारे।
ग्वाल बाल सब करत कुलाहल, जय जय सबद उचारे।
माखन रोटी हाथ में लीनी, गउवन के रखवारे।
मीरां के प्रभु गिरधर नागर, सरण आया कूं तारे॥

मुरलिया बाजा जमणा तीर ॥टेक॥
मुरली म्हारी मण हर लीन्हो चित धरां णा धीर।
स्याम कन्हैया स्याम कमर्‌यां स्याम जमण रो नीर।
घुण मुरली सुण सुध बुध बिसरां, जर जर म्हारो शरीर।
मीरां रे प्रभु गिरधर नागर, वेग हर्‌यां म्हा पीर॥

आज अनारी ले गयो सारी, बैठी कदम की डारी, हे माय ॥टेक॥
म्हारे गेल पड्यो गिरधारी, हे माया, आज अनारी.।
मैं जल जमुना भरन गई थी, आ गयो कृश्न मुरारी हे, माय।
ले गयो सारी अनारी, म्हारी, जल में ऊभी उघारी, हे माय।
सखी साइनि मोरी हंसत है, हंसि-हंसि दे मोहि गारी, हे माय।
सास बुरी अर नणद हठीली, लरि लरि मोहिं तारी, हे माय।
मीरां के प्रभु गिरधर नागर, चरण कमल की बारी, हे माय॥

आवत मोरी गलियन में गिरधारी।
मैं तो घुस गई लाज की मारी॥ टेक॥
कुसुमल पाग केसरिया जामा, ऊपर फूल हजारी।
मुकुट ऊपर छत्र बिराजे, कुण्डल की छवि न्यारी।
केसरी चीर दरियाई को लेंगो, ऊपर अंगिया भारी।
आवत देखी किसन मुरारी, छिप गई राधा प्यारी।
मोर मुकट मनोहर सोहै, नथली की छवि न्यारी।
गल मोतिन की माल बिराजे, चरण कमल बलिहारी।
ऊभी राधा प्यारी अरज करत है सुणजो किसन मुरारी।

मीरां के प्रभु गिरधर नागर, चरण कमल पर वारी ॥

माई मेरो मोहने मण हर्‌यो ॥टेक ॥
कहा करूँ कित जाऊं सजणी, प्रान पुरुष सूं बर्‌यो ।
हूं जल भरने जात थी सजनी, कलस माथे धर्‌यो ।
सांवरी सी किसोर मूरत, कछुक टोनों कर्‌यो ।
लोक लाज बिसारि डारी तबहीं काज सर्‌यो ।
दासि मीरां लाल गिरधर, छानने ये बर बर्‌यो ॥

कहां कहां जाऊं तेरे साथ कन्हैया ॥टेक ॥
बिन्द्रावन की कुंज गलिन में, गहे लीणो मेरो हाथ ।
दधि मेरो खायो, मटकिया फोरी, लीणो भुज भर साथ ।
लपट झपट मोरी गागर पटकी, सांवरे सलोने लोने गात ।
कबहूं न दान लियों मनमोहन, सदा गोकुल आत जात ।
मीरां के प्रभु गिरधर नागर, जणम जणम के नाथ ॥

या ब्रज में कछू देख्यो री टोना ॥ टेक ॥
ले मटुकी सिर चली गुजरिया, आगे मिले बाबा नन्दजी के छोना ।
दधि को नाम बिसरि गयौ प्यारी, 'लेलहु री कोइ स्याम सलोना' ।
वृन्दावन की कुंज गलिन में, आंख लगाइ गयो मनमोहना ।
मीरां के प्रभु गिरधर नागर, सुन्दर स्याम सुघर सलोना ॥

कोई स्याम मनोहर ल्योरी, सिर धरे मटकिया डोले ॥टेक ॥
दधि को नांव बिसर गई ग्वालन 'हरिल्यो, हरिल्यो', बोलै ।
मीरां के प्रभु गिरधर नागर, चेरी भई विण मोलै ।
कृष्ण रूपी छकी है ग्वालिन, औरहि, औरे बोले ॥

होजी हरि कित गये णेह लगाय ॥ टेक ॥
णेह लगाय मेरो हर लीरो, रस भरी टेर सुनाय ।
मेरे मण में ऐसी आवै, मरूं जहर बिस खाय ।
छाड़ि गये विसवासघात करि, णेह केरी नाव चढ़ाय ।
मीरां के प्रभु कब रे मिलोगे, रहे मधुपुरी छाय ॥

अच्छे मीठे चाख चाख बेर लाई भीलणी ॥टेक ॥

ऐसी कहा अचारवती, रूप नहीं एक रती;
नीचे कुल ओछी जात, अति ही कुचीलणी।
जूठे फल लीन्हें राम, प्रेम की प्रतीत जाण;
ऊँच नीच जाने नहीं, रस की रसीलणी।
ऐसी कहा वेद पढ़ी, छिण में विमाण चढ़ी;
हरि जी सूं बांध्यो हेतु बैकुण्ठ में झूलणी।
दास मीरां तरै सोइ ऐसी प्रीति करै जोइ;
पतित पावन प्रभु गोकुल अहीरणी॥

देखत राम हंसे सुदामा कूं, देखत राम हंसे ॥टेक॥
फाटी तो फूलड़ियां पांव उभाणे, चलतै चरण धसे।
बांलपणे का मिंत सुदामा, अब क्यूं दूर बसे।
कहा भावज ने भेंट पठाई तन्दुल तीन पसे।
कित गई प्रभु मोरी टूटी टपरिया, हीरा, मोती, लाल कसे।
कित गई प्रभु मोरी गउवन बछिया, द्वार बिच हंसती फसे
मीरां के प्रभु हरि अबिनासी, सरणे तीरे बसे॥

बिध बिधणा री ण्यारां ॥टेक॥
दीरघ नेण मिरघ कूं देखां कणलण फिरतां मारां।
उजलो बरण बागलां पावां, कोयल वरणा कारां।
नदयां नदयां निरमल धारां समुंद करयां जल खारां
मूरख जण सिंघासण राजा पण्डित फिरतां द्वारां।
मीरां रे प्रभु गिरधर नागर, राणां भगत संघारां॥

चालां अगम वा देस, काल देख्यां डरां।
भरां प्रेम रा होज हंस केल्यां करां।
साधा सत रो संग, ग्याण जुगतां करां।
धरां सांवरो ध्यान चित्त उजलो करां।
सील घूंघरा बांध तोस निरतां करां।
साजां सोल सिंगार सोणारी राखड़ां।
सांवलिया सू प्रीत, औरां सूं आखड़ा॥

भज मण चरण कंवल अवणासी ॥टेक॥
जेताई दीसां धरण गगन मां, तेताई उठ जासी।

तीरथ बरतां ग्याणां कथंता, कहा लयां करवत कासी ।
यो देही रो गरब णा करणा, माटी मां मिल जासी ।
यो संसार चहर रां बाजी, सांझ पड्यां उठ जासी ।
कहा भयां था भगवा पहर्यां घर तज लयां संन्यासी ।
जोगी होयां जुगत णां जाणा, उलट जणम रां फांसी ।
अरज करां अबला कर जोर्यां, स्याम तुम्हारी दासी ।
मीरां रे प्रभु गिरधर नागर, काट्यां म्हारो गांसी ॥

राम नाम रस पीजै मनुआं, राम नाम रस पीजै ॥टेक ॥
तज कुसंग सतसंग बैठ णित हरि चरचा सुण लीजै ।
काम क्रोध मद लोभ मोह कूं, बहा चित्त से दीजै ।
मीरां के प्रभु गिरधर नागर, ताहि के संग में भीजै ॥